D1721499

# Gute

Wie sie entstehen und stärker werden

# Inhalt

# Vorwort zur deutschsprachigen Ausgabe

Dieses Buch erscheint zum 50-jährigen Jubiläum des Gordon-Modells, 50 Jahre nach der Veröffentlichung von Thomas Gordons Buch »Parent Effectiveness Training« im Jahr 1962 in den USA. In den folgenden Jahrzehnten sind weitere Publikationen von ihm zu verschiedenen Anwendungsbereichen dieses Modells erschienen:

- Kindererziehung für Eltern und Pädagogen
- Schul- und Bildungswesen
- beruflicher Bereich
- Gesundheit
- Beratung und psychosoziale Versorgung.

Die bisherigen Veröffentlichungen wandten sich ausnahmslos an eine bestimmte Zielgruppe, z. B. an Eltern, Lehrer, Pädagogen, Ärzte oder Führungskräfte.

Das vorliegende Buch ist Gordons letzte Publikation vor seinem Tod. Er betont darin die Allgemeingültigkeit des Gordon-Modells für jede Form zwischenmenschlicher Beziehung – unabhängig vom Zeitgeschehen und von der Kultur. Eine erste Version erschien auf Deutsch im Jahr 2002 unter dem Titel »Die neue Beziehungskonferenz«. Das vorliegende Buch ist eine vollständige Neuübersetzung, die auch die neuen terminologischen Entwicklungen berücksichtigt.

Gordon führt dazu aus: »Die Allgemeingültigkeit ist ein Umstand, den ich nicht beabsichtigt hatte. Jetzt wissen wir, dass unsere Trainingsprogramme, so wie auch meine

Bücher, in über 50 Ländern mit jeweils einer anderen Kultur erfolgreich sind. Unsere Kursleiter in diesen Ländern fanden es nicht nötig, Veränderungen in dem allgemeinen Modell oder in spezifischen Fertigkeiten und Konzepten vorzunehmen. Das gab mir die Zuversicht, dass Werte wie gleiche Rechte, Respekt für die Bedürfnissen anderer, Zusammenarbeit in Partnerschaften und friedvolle Lösung von Konflikten eines Tages vielleicht allgemein gültig werden.«

Bei der Realisierung des Gordon Modells durch entsprechende Trainingsprogramme geht es vor allem um die folgenden vier Eigenschaften der Menschen, die ihre Beziehungen effektiv gestalten und die es ihnen ermöglichen, ihre Bedürfnisse zu befriedigen und ihre Rechte als Individuum wahrzunehmen:

- die Person hat ein angemessenes Selbstverständnis – sie kennt ihre Wertvorstellungen, Wünsche und Bedürfnisse und ist sich ihrer Stärken und Grenzen bewusst,
- sie handelt assertiv und verantwortlich – übernimmt selbst die Verantwortung für die Erfüllung ihrer Bedürfnisse und Wünsche und setzt sich mit Beharrlichkeit und Rücksicht dafür ein,
- sie pflegt Beziehungen zu ihren Mitmenschen – sie begegnet ihnen mit Achtung und Einfühlung und versucht, zwischen der Sorge um sich selber und anderen ein Gleichgewicht herzustellen,
- sie plant und handelt selbstbestimmt – sie übernimmt die Verantwortung für ihr Leben selbst und setzt sich wichtige Lebensziele, nach denen sie ihr Planen und Handeln ausrichtet.

Diese Verhaltensweisen, die zum persönlichen Erfolg und zu konstruktiven Beziehungen führen, werden mit Hilfe von besonderen Kommunikations- und Problemlösungstechniken bewusst gemacht. Es sind Fertigkeiten, die im täglichen Leben angewendet werden können und zu einer erfolgreichen Lebensgestaltung beitragen. Sie umfassen Fertigkeiten

- zum Erkennen von Wertvorstellungen, Bedürfnissen und Wünschen,
- der Selbstdarstellung (Meinung äußern, Ideen aussprechen usw.),
- zum »Nein« sagen, wenn eine unannehmbare Forderung gestellt wird,
- der Selbstbehauptung, um Bedürfnisse und Wünsche zu befriedigen,
- um mögliche Konflikte mit anderen zu vermeiden,
- der Konfrontation bei unannehmbarem Verhalten anderer,
- der Problemlösung, bei der beide Beteiligten zufrieden sind und es keinen Sieger und Verlierer gibt,
- des Zuhörens, um einer anderen Person zu helfen, für ihre Probleme Lösungen zu finden,
- um persönliche Zielsetzungen zu planen und zu erreichen.

Das Gordon Modell ist nicht nur ein Ratgeber zur Verbesserung zwischenmenschlicher Beziehungen jeder Art, sondern stellt auch einen grundlegenden Beitrag der humanistischen Psychologie dar zur Förderung der psychischen Gesundheit in der Gesellschaft.

Weltweit sind circa zwei Millionen Menschen in Fertigkeiten dieses Konzeptes geschult worden: Manager, Teams aus Firmen und Organisationen, Professionelle aus Medizin, Psychologie und Pädagogik, Eltern, Lehrer und Jugendliche. Sie wurden von circa 50000 nach dem originalen Konzept geschulten Kursleitern weitergebildet. Zurzeit gibt es circa 200 aktive Kursleiter und Kursleiterinnen im deutschsprachigen Bereich, die regelmäßig Gordon-Kurse durchführen. Die Kurse werden geleitet von speziell im Gordon-Modell ausgebildeten Personen, deren Fortbildung durch Ausbildungsinstitutionen durchgeführt wird, die von Dr. Gordon bzw. seiner Institution Gordon Training International legitimiert wurden. Im deutschsprachigen Raum ist dies unter anderem Gordon Training Deutschland Österreich Schweiz in der Akademie für personzentrierte Psychologie.

Thomas Gordon ist es gelungen, ein weltweites Netzwerk von Ausbildungsinstitutionen, Kursleiterinnen und Kursleitern, aufzubauen, die sich selbst dem Modell in hohem Maße verpflichtet fühlen und Menschen in den verschiedenen Kulturen helfen »demokratische Umwelten« zu schaffen.

Bonn, im November 2012

Dr. Karlpeter Breuer
Geschäftsführer
Gordon Training Deutschland Österreich Schweiz in der Akademie für personzentrierte Psychologie gGmbH

# Vorwort

Seit vielen Jahren schreibe ich Bücher über menschliche Beziehungen, meist über besondere Beziehungen: Eltern – Kind, Lehrer – Schüler, Vorgesetzter – Untergebener, Arzt – Patient und so fort. Diese thematische Einengung war notwendig, weil die Bücher in unseren Kursen für Eltern, Lehrer, Manager usw. als Grundlage dienen sollten.

Allerdings stellte ich fest, dass es keine großen Unterschiede bei den benötigten Beziehungsfertigkeiten in den Gruppen gab, egal in welcher Beziehung sie zueinander standen, wo sie lebten oder arbeiteten. Das wurde mir auch von Teilnehmern bestätigt, die häufig auf den Lerntransfer von einem Kontext zu einem anderen hinwiesen, sie berichteten etwa: »Am Arbeitsplatz habe ich noch niemanden konfrontieren müssen, aber, mein lieber Mann, was habe ich diese Fertigkeiten bei meinen Kindern gebraucht!«

Aufgrund eines solchen Feedbacks beschloss ich, ein Buch zu schreiben, das sich nicht an Menschen in bestimmten Kontexten wendet, sondern an alle, die sich fragen, wie sie ihre Beziehungen grundsätzlich verbessern könnten – zu Hause, am Arbeitsplatz, in der Freizeit. Das war mein Ausgangspunkt.

Das Buch, das Sie in Händen halten, ist das Ergebnis. Vielleicht nicht das beste Buch, das ich je geschrieben habe, aber sicherlich auch nicht das schlechteste. Letztlich müssen Sie das beurteilen.

# Einführung: Das Beziehungs-Credo

Was fällt Ihnen bei dem Wort »Beziehung« ein?

Meist denken wir an Lebensgefährten, Ehepartner, Kinder und andere Familienmitglieder, denen wir uns eng verbunden fühlen. Vollkommen richtig. Vergessen wir aber nicht, dass es neben diesen primären Bezugspersonen noch viele andere gibt, die großen Einfluss auf unser Leben haben – positiv wie negativ, und manchmal einfach wundervoll. Doch ob gut oder schlecht, wir haben zwangsläufig eine Beziehung zu ihnen – ganz gleich, wie sie auf uns wirken.

Mit diesem Buch möchte ich Ihnen vermitteln, was ich über meine vielen Beziehungen gelernt und was ich getan habe, um sie zu verbessern. Wie ich meinen Einfluss verstärkt, Missverständnisse beseitigt und sogar gescheiterte Beziehungen wiederhergestellt habe. Auf der folgenden Seite finden Sie eine Zeichnung, mit deren Hilfe Sie sich vergegenwärtigen können, wer die Menschen in Ihrem Leben sind, wie viele es sind, und vielleicht auch, in welchem Maße sie Ihr Leben und Ihre Arbeit beeinflussen.

Tragen Sie Ihren Namen in den mittleren Kreis ein und dann die Namen von Menschen, zu denen Sie Beziehungen haben, in die umliegenden Felder. Beachten Sie, dass es sich um Pfeile handelt, die in beide Richtungen weisen, das heißt, nicht nur Sie verhalten sich in irgendeiner Weise den anderen gegenüber, sondern die anderen auch Ihnen gegenüber.

Sie können die Namen notieren oder auch Kategorien wie Freunde, Kollegen oder Kinder verwenden, wenn Ihnen das lieber ist. Sie dürfen auch noch mehr Kreise hinzufügen.

Wenn Sie nicht in das Buch schreiben wollen, können Sie die Abbildung auch auf ein leeres Blatt übertragen, bevor Sie damit arbeiten.

Als ich mein Beziehungsnetz zum ersten Mal zu Papier brachte, war ich von seinem Umfang und seiner Vielschichtigkeit überrascht. Da war alles vertreten: die Mitarbeiter von Gordon Training International, meine Familienangehörigen, Kollegen, Berater, Ärzte, Rechtsanwälte, Freunde, Nachbarn und, hätte ich lange genug nachgeforscht, vermutlich sogar Indianerhäuptlinge. Nach dieser Übung sind viele Menschen ebenfalls verblüfft über die Anzahl und Komplexität ihrer Beziehungen. Genau darin liegt der Zweck dieser Aufgabe – Beziehungen einschätzen, sich bewusst machen, wie viele es sind, wie unterschiedlich sie sind und, wenn möglich, wie Sie sich darin fühlen.

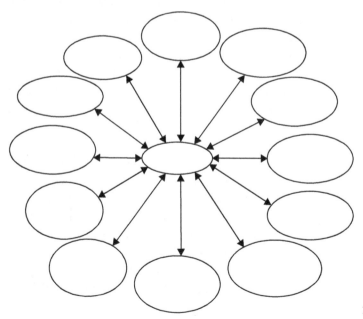

Also, fangen Sie an. Füllen Sie die Felder aus und vergessen Sie niemanden – noch nicht einmal Tante Gretel, auch wenn sie Ihnen immer Socken zu Weihnachten schenkt.

Wenn Sie die Felder im Beziehungsnetz ausgefüllt haben, dann schauen Sie sich das Diagramm noch einmal an und kennzeichnen Sie alle Kreise, die Ihnen Probleme bereiten, die schwierig sind, die Ihrer Meinung nach am dringendsten einer Verbesserung bedürfen. Möglicherweise ergeht es Ihnen wie mir und Sie stellen fest, dass die schwierigsten die wichtigsten sind, was vermutlich daran liegt, dass wir wirklich schwierige Beziehungen aufgeben, wenn sie nicht wichtig sind.

Im Gegensatz zu vielen anderen ist das vorliegende Buch kein »Kochbuch« mit Rezepten, die Lösungen für bestimmte Probleme liefern. Ich weiß nicht, wie die besten Lösungen für Ihre Probleme aussehen, und ich glaube auch nicht, dass es irgendjemand anders weiß. Allerdings kann ich Ihnen eine Reihe von Fertigkeiten und Prozesse anbieten, mit deren Hilfe Sie Ihre eigenen Lösungen entwickeln können.

Vor vielen Jahren baten mich einige Teilnehmer am Effektivitätstraining für Eltern um eine kurze Zusammenfassung meiner Beziehungstheorie. Ich kam ihrem Wunsch nach und nannte das Ergebnis Beziehungs-Credo. Seither händigen wir jedem Absolventen unserer Kurse ein Exemplar des Credos aus. Es erfüllt mich mit großem Stolz, dass viele Kursteilnehmer das Credo für wichtige Ereignisse in ihrem Leben nutzen, vor allem für Hochzeiten – wie meine Tochter Judy –, und dass viele Führungspersönlichkeiten aus Wirtschaft, Erziehungswesen und sogar Politik es rahmen lassen und in ihren Büros aufhängen.

Im Credo kommen die Kernthesen des vorliegenden Buchs zum Ausdruck. Nach meiner Überzeugung trägt es dazu bei, dass Menschen, die sich danach verhalten, glücklicher, gesünder und länger leben.

Es ist hier ganz abgedruckt, dann in Teilen jeweils am Anfang der entsprechenden Kapitel und am Ende des Buchs noch einmal in voller Länge. Zu viel des Guten? Vielleicht, aber lesen Sie es und entscheiden Sie dann.

Wir beide haben eine Beziehung, die ich schätze und bewahren möchte. Aber jeder von uns ist ein selbstständiger Mensch mit eigenen Bedürfnissen und dem berechtigten Anspruch, sie zu befriedigen.

Wenn du Probleme hast, werde ich dir mit Aufrichtigkeit und Akzeptanz zuhören, um dir zu helfen, eigene Lösungen zu finden. Ich gestehe dir das Recht zu, eigene Ansichten zu vertreten, mögen sie sich auch noch so sehr von den meinen unterscheiden.

Wenn dein Verhalten mich in meinen Bedürfnissen einschränkt, werde ich dir offen und ehrlich sagen, was mich stört, denn ich vertraue darauf, dass du versuchen wirst, das Verhalten zu ändern, das ich nicht akzeptieren kann. Falls ich mich in einer Weise verhalte, die du nicht akzeptieren kannst, möchte ich, dass du mir offen und ehrlich sagst, was dich stört, so dass ich die Möglichkeit habe, mein Verhalten zu ändern.

Wenn wir Konflikte haben, wollen wir versuchen, alle beizulegen, ohne dass einer versucht, sie auf Kosten des anderen zu lösen. Das Recht auf die Befriedigung der eigenen Bedürfnisse gestehe ich dir ebenso zu wie mir. Deshalb wollen wir immer nach Lösungen suchen, die für uns beide akzeptabel sind. Keiner wird verlieren, sondern beide werden wir gewinnen.

Dann kann unsere Beziehung intakt bleiben und uns die Möglichkeit bieten, uns nach unseren Fähigkeiten zu entfalten, und unsere Beziehung in gegenseitiger Achtung, Liebe und Eintracht fortzuführen.

# 1. KAPITEL

# Jeder hat Beziehungen

Ich habe es so oft und in so vielen Abwandlungen gehört, dass es wohl stimmt. Die Menschen sehen das so. Sie sagen: »Ich habe eine neue Beziehung«, »Die Beziehung habe ich hinter mir«, »Das ist das Ende dieser Beziehung« oder »Alle meine Beziehungen beginnen schön und enden schlecht«. Und jeder, denke ich, weiß, was damit gemeint ist. Man hat das *Gefühl*, den *Eindruck*, dass Beziehungen – vor allem Liebesbeziehungen – eindeutige Anfänge und Enden haben.

Ganz anders die Auffassung, dass wir alle und immer irgendwie in Beziehung zueinander stehen. Wenn wir das einsehen, können wir die *Form* unserer Beziehungen verändern. Für mich steht außer Frage, dass ich mein Leben lang Beziehungen zu Menschen habe, einige enger, etwa zu Angehörigen und Freunden, andere lockerer, beispielsweise zu Mitarbeitern, Lehrern, Geistlichen und Trainern, und schließlich zu denen, mit denen ich zwar zusammenkomme, mich unterhalte, aber die ich nie wirklich kennen lerne. Egal, ob ich Menschen nahe komme oder Abstand halte, ich habe eine Beziehung zu ihnen. Besser als ich haben Dichter, Philosophen und Theologen zum Ausdruck gebracht, in welcher Weise wir mit anderen Menschen verbunden sind und was sich daraus für Chancen und Verpflichtungen ergeben. Wenn ich meinem Leben wirklich eine Wende zum Besseren geben möchte, wenn ich wirklich gesünder und glücklicher leben möchte, kann ich bei meinen Beziehungen ansetzen – das hängt nur von mir ab. Ich bin der einzige, der es kann. Es liegt in meiner Verantwortung. Falls sich »Verantwortung« für

Sie zu gewichtig und moralisch anhört, ist das nicht meine Absicht. Ich meine vielmehr, dass für jeden von uns eine Chance besteht, seine Beziehungen zu verbessern und wichtige Aspekte des Miteinanders zu verändern.

## Was ist für gute und was ist für schlechte Beziehungen verantwortlich?

Vor einigen Jahren legte Rob Koegel, Professor an der State University of New York in Famingdale, Studenten einen Fragebogen vor, in dem sie über ihre besten und schlechtesten Beziehungen Auskunft geben sollten. Einige der Fragen betrafen die Beziehungen der Studenten zu Menschen von mehr oder weniger gleichem Status – Freunden, Partnern, Geschwistern etc. In anderen Fragen ging es um das Verhältnis zu Menschen mit höherem Status, um Vorgesetzte, Lehrer, Professoren, Eltern und so weiter. Die Studenten sollten diese Beziehungen beschreiben und bewerten. Die Ergebnisse waren aufschlussreich. Gegenseitige Achtung, Fürsorglichkeit, Vertrauen, Ehrlichkeit, Hilfsbereitschaft und Kommunikationsfähigkeit seien, so die Befragten, charakteristisch für ihre besten Beziehungen gewesen. Unter diesen Bedingungen hätten sich Empathie, Mitgefühl, Verständnis und Toleranz für Unterschiede entwickelt. Wenn der andere diese Eigenschaften gezeigt habe, sei die Beziehung unabhängig von allen Statusunterschieden gut gewesen.

Ihre besten Beziehungen, so die Studenten, schenkten ihnen Zufriedenheit, Auftrieb und das Gefühl, glücklicher, stärker und vollkommener zu sein. Koegels Fazit lautete: »Unsere besten Beziehungen vermitteln uns das Empfinden, anerkannt und geschätzt zu werden. Wir fühlen uns mit anderen verbunden und fassen Vertrauen zu ihnen. Im Gegensatz zu den meisten anderen Beziehungen stärkt, stützt und beflügelt diese gegenseitige Verbundenheit beide Seiten.«

Dagegen bezeichneten die Studenten die Beziehungen, die sie »am schlechtesten« nannten, als manipulativ, dominant, ungerecht und ungleich. Nach diesen Aussagen beschreiben manipulative, dominante Menschen Unterschiede immer in den Kategorien Entweder/Oder: gut oder schlecht, richtig oder falsch, besser oder schlechter, wobei ihre eigene Position jeweils die richtige ist. Die selbstgerechte Haltung der »Dominatoren« führte bei den Befragten oft zu einem Gefühl von Inkompetenz und Unzulänglichkeit. Wer seinen Status benutzt, um zu gewinnen und auf Kosten anderer zu bekommen, wonach ihn verlangt, der ruft bei den Verlierern das Empfinden von Unsicherheit und Scham hervor, der zerstört das Vertrauen, das sie in sich und andere haben. Die von den Studenten verwendeten Formulierungen wie »einseitig«, »ausgenutzt« oder »unterdrückt« beschreiben, wie sie diese entwürdigenden Beziehungen erlebten.

Die Befragten waren sich einig, dass ungleiche Beziehungen immer ungerecht sind. Sie charakterisierten die Dynamik durch das Gegensatzpaar »gewinnen/verlieren« und sagten, Dominatoren würden dadurch gewinnen, dass sie ihre persönliche und institutionelle Macht nutzten, die sie als Eltern, Lehrer, Vorgesetzte oder in ähnlichen Funktionen hätten. Die Menschen auf der Verliererseite seien gezwungen, einseitige Beziehungen wie diese zu akzeptieren, weil sie weniger Status besäßen, das heißt, weil sie unterlegen, abhängig und auf andere angewiesen seien.

Koegels Befragung hat gezeigt, was wir meines Erachtens alle aus eigener Erfahrung kennen: Das größte Hindernis für eine intakte, glückliche Beziehung ist ein Machtgefälle zwischen Partnern oder Gruppen. Wenn eine Person (oder Gruppe) eine andere zwingen kann, etwas gegen ihren Willen zu tun, ist die Beziehung problematisch. Derart ungerechte Beziehungen haben die Befragten »Gewinn-Verlust-Situation« genannt und übereinstimmend erklärt, wenn sie verlören, fühlten sie sich ohnmächtig, ausgenutzt und unterdrückt.

Da die Begriffe »Macht« und »Autorität« für das Verständnis zwischenmenschlicher Beziehungen unerlässlich sind, wollen wir untersuchen, was sie bedeuten und wie sie erworben werden.

## Macht und Autorität

Zunächst einmal gibt es mehrere Arten von *Autorität*. Die eine Art geht mit Wissen und Kenntnissen einher und erfreut sich großer Wertschätzung. Wenn Sie zum Beispiel Probleme mit Ihrem Auto haben, möchten Sie sicherlich, dass es von einem kundigen Automechaniker, einer Autorität auf diesem Gebiet, repariert wird. Von Ihrem Arzt erwarten Sie, dass er eine Autorität für Krankheiten und Heilkunde ist. Bei den Lehrern und Trainern Ihres Kindes setzen Sie voraus, dass sie Autoritäten in Sachen Erziehung und Sport sind. Wir sagen Sätze wie »Er ist eine Autorität in Wirtschaftsfragen« oder »Sie äußert sich mit großer Autorität«. Menschen mit dieser Art von Autorität, die aus Kenntnissen, Erfahrung, Ausbildung, Klugheit und Lernen erwächst, sind gefragt und werden oft hoch bezahlt. Solche Autorität ruft fast nie Beziehungsprobleme hervor.

Eine andere Art von Autorität ist mit der Stellung eines Menschen und/oder einer allgemein anerkannten Arbeitsplatzbeschreibung verknüpft. Beispielsweise sind Polizisten autorisiert, Strafzettel auszustellen, Ausschussvorsitzende, Sitzungen zu eröffnen und zu beenden, Richter, in Rechtsfragen zu entscheiden, Chefredakteure, Aufgaben zu erteilen und so fort. Eine solche berufsbezogene Autorität führt selten zu Schwierigkeiten in Beziehungen, sofern die beruflichen Funktionen als legitim anerkannt werden und nicht strittig sind.

Eine dritte Art von Autorität hat mit Verträgen und Vereinbarungen zu tun, die von der Unterzeichnung offizieller internationaler Verträge bis zum einfachen Handschlag reichen. Manche Anwälte spezialisieren sich auf Vertragsrecht und besitzen eine besondere Fertigkeit darin, Dokumente so aufzusetzen, dass alle Klauseln und Bedingungen klar und eindeutig sind. Doch die meisten Vereinbarungen benötigen keine formellen Verträge. Beispielsweise lösen Kinder ihre Konflikte häufig mit Vereinbarungen wie: »Ich helfe dir jetzt bei deinen Hausaufgaben, wenn du nachher mit mir Basketball spielst. Einverstanden? Schlag ein!« Lehrer treffen Vereinbarungen mit Schülern. Manager mit Mitarbeitern. Ehemänner mit ihren Frauen. Eltern mit Kindern. Freunde mit Freunden. Diese Verträge und Vereinbarungen dienen dem Zweck, dass nicht immer wieder die gleichen Probleme gelöst oder diskutiert werden müssen.

Verantwortlich für Beziehungsprobleme ist die machtbasierte Autorität, die ihre Träger in die Lage versetzt, andere zu kontrollieren, zu dominieren, zu nötigen und zu zwingen, Dinge zu tun, die sie nicht tun möchten. Ich war bei der Luftwaffe und habe diese machtbasierte Autorität hautnah erlebt, wie Millionen anderer. Selbst wenn Sie nicht beim Militär gedient haben, dürften Sie – genau wie Dr. Koegels Studenten – viele Machtspiele erlebt haben, die andere auf Ihre Kosten gewonnen haben.

Es hat mir zwar nicht immer gefallen, doch habe ich die Notwendigkeit eingesehen, Befehlen zu gehorchen – sogar denen, mit denen ich nicht einverstanden war. Das Militär kann unmöglich auf bedingungslosen Gehorsam verzichten. Doch das gilt für fast keine andere Organisation. In Ehen, Familien, Schulen und Wirtschaftsunternehmen gibt es immer mehrere Optionen, und auf die gründet sich unsere Hoffnung, dass sich Beziehungen verbessern lassen.

Oft bin ich gefragt worden, wie Macht entsteht, woher sie kommt. Gelegentlich hoffen die Fragenden, es gäbe irgendeine unbekannte oder verborgene Machtquelle, mit deren Hilfe sie endlich die Kämpfe gewinnen können, die sie bisher immer verloren haben. Doch mit dem Glauben an eine geheime Machtquelle verhält es sich wie mit Ponce de Leons Glaube an den Jungbrunnen: Beide gibt es nicht.

Deshalb sage ich Ihnen: Macht erwächst aus der Fähigkeit, zu belohnen und/oder zu bestrafen. Anders ausgedrückt: Macht ist die Fähigkeit, anderen Schmerz zuzufügen oder Lust zu verschaffen. Wer Macht ausübt, setzt Belohnungen und Strafen ein, um zu bekommen, was er haben möchte. Ist die Strafe schlimm oder die Belohnung verlockend genug, so gelingt ihm das auch.

Doch diese Nachgiebigkeit hat ihren Preis. Wer in der passiven Rolle ist, gibt nicht *nur* nach. Um seine persönliche Integrität zu bewahren, entwickelt er Strategien für den Umgang mit dem Zwang, gegen seinen Willen handeln zu müssen. Diese Verhaltensweisen bezeichnet man als *Bewältigungsmechanismen* und teilt sie in drei Kategorien ein: *Kampf, Flucht* und *Unterwerfung*. Kämpfer bewältigen die Situation durch Auflehnung, Widerstand, Herausforderung und Vergeltung. Menschen, deren Bewältigungsstil die Flucht ist, versuchen, physisch und/oder emotional zu entkommen. Sie ziehen sich zurück, laufen davon, hängen Tagträumen nach, fantasieren, konsumieren Alkohol und andere Drogen oder werden krank. Wer sich unterwirft, gehört häufig zu den beliebtesten Kindern, Schülern, Mitarbeitern usw., bezahlt es aber möglicherweise mit seiner Gesundheit. Gehorsam zu sein, »Autoritäten zu achten« und Befehle zu befolgen, besonders wenn die Befehle mit wichtigen Bedürfnissen kollidieren, ist ein Mechanismus, der in der Kindheit gelernt und eingeübt und von vielen Menschen im späteren Leben beibehalten wird. Doch Unterwerfung wirkt sich nachteilig auf die eigene Selbstbehauptung, Unabhängigkeit und die Fähigkeit zur persönlichen Entfaltung aus. Wer Konflikte durch Unterwerfung bewältigt, ist in der Regel passiv, ohne Initiative und abhängig, was ihn im Berufsleben beeinträchtigt und zu einem schwierigen Partner in *jeder* Beziehung macht, weil er nach außen freundlich und nachgiebig zu sein scheint, sich unterschwellig aber wütend und feindselig verhält.

Damit Sie sich Ihren Bewältigungsstil vergegenwärtigen können, möchte ich Ihnen unsere Macht-Erinnerungsübung *(power recall exercise)* vorschlagen, die die Kursleiter unserer Organisation in Hunderten von Veranstaltungen mit Tausenden von Teilnehmern erfolgreich durchgeführt haben. Nehmen Sie ein Blatt Papier und zeichnen Sie vier senkrechte Spalten ein. Über die linke Spalte schreiben Sie: *Was ich tun musste.* Über die nächste Spalte: *Wer hat mich dazu gezwungen?* Über der dritten Spalte notieren Sie: *Was ich getan habe* (z. B. nachgegeben) und die vierte Spalte schließlich bekommt die Überschrift *Wie ich mich gefühlt habe und was ich dann getan habe.*

Denken Sie jetzt an irgendein Ereignis aus Ihrer Grundschulzeit, bei dem Sie von jemandem gezwungen wurden, etwas gegen Ihren Willen zu tun. Wer war es? Was haben Sie getan? Wie haben Sie sich gefühlt und was haben Sie anschließend getan?

Wenden Sie diese Erinnerungsübung anschließend auf einen späteren Zeitpunkt an, als Sie älter waren und vielleicht auf eine weiterführende Schule gingen. Und nun noch ein drittes Mal – auf die jüngste Zeit.

Meist entdeckt man, dass Machtausübung die Art des Problems verändert. In einem unserer Seminare erinnerte sich ein Highschool-Direktor aus Florida daran, dass er in der fünften Klasse aus dem Raum geschickt worden war, weil er während einer »Stillarbeit« ein Papierflugzeug durch das Klassenzimmer fliegen ließ. Er war beschämt und wütend und schlich sich deshalb auf den Parkplatz, wo er einem Lehrer die Luft aus den Autoreifen ließ. In diesem Fall hatte sich das Problem von der Störung des Unterrichts zum Vandalismus verlagert.

Traf das auch auf Sie zu? Was für Bewältigungsstrategien hatten Sie? Die vielen Tausend Menschen, die diese Übung gemacht haben, stellten nahezu identische Listen auf. Schauen Sie, ob sich Ihre Strategien irgendwo auf der Liste finden.

- Auflehnung, Ungehorsam
- Vergeltung, zurückschlagen, streiten
- lügen, die Wahrheit verheimlichen
- Ärger, Wutanfälle
- Regelverstöße
- die Schuld auf andere schieben, tratschen
- kommandieren, aufbegehren
- Bündnisse schließen, koalieren
- um Nachsicht und Anerkennung bitten, schmeicheln
- sich zurückziehen, fantasieren
- weglaufen, Aufträge verweigern, Stellungen kündigen
- aufgeben, kapitulieren
- ignorieren, mit Schweigen strafen
- konkurrieren, gewinnen müssen
- Hoffnungslosigkeit, Niedergeschlagenheit, weinen
- Furcht, Scheu, Schüchternheit
- Krankheit
- Fressattacken, dann Abführen oder Abnehmen
- Unterwerfung, Anpassung, Nachgeben
- Alkohol, Drogen
- betrügen, plagiieren.

Die Reaktion auf Machtausübung mit Zwangscharakter beruht eigentlich immer auf einem dieser Bewältigungsmechanismen. Diese Punkte sprechen gegen die Ausübung einer solchen Autorität, da sie sowohl die Opfer wie die Träger der Macht korrumpiert. Oder mit den Worten des englischen Historikers Lord John Acton: »Macht korrumpiert, und absolute Macht korrumpiert absolut«. Auch wenn Sie sich für nicht korrumpierbar halten – alle Manager, Eltern, Vorgesetzte, Vorarbeiter und Direktoren werden Ihnen bestätigen, wie viel Energie sie in »Führung« von Menschen investieren müssen, besonders wenn die Menschen nicht geführt werden wollen.

Es gibt viel bessere Strategien, Menschen dazu zu bringen, das zu tun, was wir von ihnen erwarten. Darauf werde ich noch ausführlich zurückkommen. Im folgenden Kapitel möchte ich über einige Erkenntnisse und Forschungsergebnisse zu jenen Beziehungsproblemen berichten, die in unserer Gesellschaft für viel Leid verantwortlich sind.

### Das Beziehungs-Credo – Teil 1

Wir beide haben eine Beziehung, die ich schätze und bewahren möchte. Aber jeder von uns ist ein selbstständiger Mensch mit eigenen Bedürfnissen und dem berechtigten Anspruch, sie zu befriedigen.

# 2. KAPITEL

# Beziehungsprobleme

Erst als ich mit den Vorbereitungen zu diesem Buch beschäftigt war, wurde mir klar, wie wenig ich über die Häufigkeit und Schwere von Beziehungsproblemen wusste. Die auffälligsten, etwa die von Prominenten, waren mir natürlich bekannt, es lässt sich ja beim besten Willen nicht vermeiden, sie in den Abendnachrichten oder in der Morgenzeitung zur Kenntnis zu nehmen. Doch als ich mich in die Forschungsberichte, wissenschaftlichen Zeitschriften und Bücher vertiefte, stellte ich zu meiner Verblüffung fest, dass die Situation viel schlimmer war, als ich vermutet hatte – nur dass sie oft zu alltäglich, nicht sensationell genug für die Abendnachrichten war.

Die »Probleme«, von denen ich spreche, kommen dann ins Spiel, wenn Menschen interagieren – was wir alle tun. Zu den gesicherten Erkenntnissen der Sozialwissenschaften gehört der Umstand, dass wir fundamental soziale Wesen sind. Wir leben, spielen und arbeiten mit anderen, wir definieren uns über die Menschen, mit denen wir zu tun haben, und über die Gruppen, zu denen wir gehören. Wenn es keine Gruppe gibt, der wir uns anschließen können, gründen wir eine und fordern andere auf, sich uns anzuschließen.

Sind wir längere Zeit allein, fühlen wir uns einsam und suchen nach Menschen, zu denen wir Beziehungen anknüpfen können. Paradoxerweise entstehen ausgerechnet in diesen zwischenmenschlichen Beziehungen unsere schlimmsten Probleme. Ich habe gesagt und viele andere sagen hören: »Ich kann nicht mit ihr/ihm leben und nicht ohne sie/ihn«, womit in der Regel ein Partner des anderen

Geschlechts gemeint ist. Doch bei mir ist es so, dass mich nicht nur Frauen irritieren. Männer können mich genauso frustrieren und ärgern. Nach Auffassung der Fachleute werden Beziehungen durch die sogenannte intermittierende Verstärkung bewahrt, das heißt, die Beziehung muss von Zeit zu Zeit genügend positive Ereignisse aufweisen, um die Beteiligten zu veranlassen, sich mit den negativen Aspekten auseinanderzusetzen. Wenn zum Erhalt von Beziehungen wirklich nicht mehr erforderlich ist als gelegentliche positive Verstärkung, stellt sich eine wichtige Frage: *Wie können wir die positiven Aspekte maximieren und die negativen minimieren?*

## Eheleute, Partner und was schieflaufen kann

Meist werden Scheidungsstatistiken bemüht, um zu zeigen, wie schlecht es um die Ehe bestellt ist. Doch die »Scheidungsrate« lässt sich schwer bestimmen, weil sie mit unterschiedlichen Methoden ermittelt wird. Große Verwirrung entstand 1995, als das amerikanische Zensusbüro mitteilte, es habe 1993 in den Vereinigten Staaten 2 362 000 Eheschließungen und 1 191 000 Scheidungen gegeben, um dann mit Hilfe einer komplizierten Formel aus diesen Zahlen zu errechnen, dass vier von zehn Erst-Ehen mit einer Scheidung endeten. Zu Recht wandten Statistiker ein, dass diese Zahlen die 54 Millionen bereits bestehenden Ehen außer Acht ließen. Die anhand dieser Zahlen errechneten Scheidungsraten waren also falsch. Das änderte jedoch nichts an der Tatsache, dass Millionen von Erst-Ehen geschieden wurden.

An sich ist eine Scheidung nichts Negatives, in manchen Fällen kann sie sogar Leben retten. Doch selbst wenn die Scheidungsrate nicht so hoch oder für unsere Gesellschaft so gefährlich ist, wie gelegentlich behauptet, lässt sie doch auf Probleme schließen.

Daneben gibt es all die Menschen, die, aus was für Gründen auch immer, in schlechten Ehen ausharren. Die Auswirkungen unglücklicher Ehen sind sattsam bekannt: physische und psychische Erkrankungen, seelische Not, Gewalt, Selbstmord und Mord. Als wäre das noch nicht genug, lassen neuere Forschungsergebnisse darauf schließen, dass die Belastungen einer schlechten Ehe das Immunsystem schwächen und damit das Krankheitsrisiko erhöhen können.

Wenn es in Familien zu Problemen, Streit, Trennung und Scheidung kommt, sind die Kinder großen Belastungen ausgesetzt. Sie leiden unter Depressionen und Leistungsstörungen in der Schule. Häufig neigen sie zu Verstimmungen, Verschlossenheit und Erkrankungen.

Konflikte und Gewalt in der Ehe führen auch zu empfindlichen wirtschaftlichen Einbußen, werden sie doch als häufigste Ursache für Personalprobleme genannt. Ernsthafte häusliche Probleme verringern die Produktivität am Arbeitsplatz. Es kommt zu einer Zunahme der Fehlzeiten, Verspätungen und Krankheiten. Neben der Unfallrate lassen auch Alkoholmissbrauch, Drogenkonsum und Gesundheitskosten einen steilen Anstieg erkennen.

In allen Ehen gibt es Konflikte, doch in vielen Fällen enden sie einfach deshalb in Gewalt, weil die Partner keine anderen Formen der Konfliktbewältigung kennen. Außerdem gibt es einen Zusammenhang zwischen der Gewalt unter Eheleuten und der Gewalt zwischen Kindern. Wie sollte es auch anders sein? Wenn zu Hause Streitigkeiten, Meinungsverschiedenheiten und Konflikte gewaltsam ausgetragen werden, ist es wahrscheinlich, dass Kinder die ihren genauso regeln. Daher kann es mich nicht überraschen, wenn Untersuchungen zeigen, dass Erwachsene, die Kinder misshandeln und missbrauchen, in ihren Herkunftsfamilien fast immer selbst Misshandlung und Missbrauch erlebt haben. Man sollte meinen, Erwachsene würden nach eigenen traumatischen Kindheitserfahrungen alles tun, um anderen solch Leid zu ersparen, doch leider ist das falsch. Was erhebliche Bedeutung hat, weil wir eines mit Sicherheit wissen: *Wie Ehepartner mit ihren Konflikten umgehen, ist der wichtigste Vorhersagefaktor für den Bestand ihrer Ehe.*

Es gibt mindestens zwei Arten ehelicher Gewalt. Zum einen die gewöhnliche Gewalt unter Partnern, zu der es kommt, wenn die Gemüter sich erhitzen und der Streit aus dem Ruder läuft. Studien zeigen, dass mehr als ein Drittel aller Paare sich zu irgendeiner Form physischer Aggression gegen den Partner hinreißen lassen; sie werfen mit Gegenständen, stoßen, ohrfeigen, packen und schubsen, aber kaum jemals kommt es dazu, dass sie würgen, drosseln oder verprügeln. Interessanterweise neigen Frauen in diesen Situationen genauso zu Gewalttätigkeit wie Männer.

*Spousal battering* (Misshandlung des Partners) gehört einer ganz anderen Kategorie an: Männern (und in viel geringerer Zahl Frauen), die ihre Partner misshandeln, scheint jedes Mittel recht zu sein, um zumindest die Illusion von Kontrolle herzustellen oder aufrechtzuerhalten. Man schätzt, dass jedes Jahr mehr als zwanzig Millionen Frauen Opfer regelmäßiger Misshandlungen werden.

Frauen bedienen sich eher sprachlicher Mittel als Männer, folglich greifen sie ihre Partner häufiger mit Worten an. Männer sprechen nicht gern über ihre Verstimmungen und Probleme, daher reagieren sie defensiv auf ihre Frauen und ziehen sich zurück. Beide Geschlechter bringen ihre Klagen gewöhnlich als Kritik am Partner vor, der sich dann ungerecht beurteilt und angegriffen fühlt.

Noch schwieriger wird diese Situation dann, wenn konfliktbeladene Paare ein Kind bekommen. Für Menschen, die bereits Eheprobleme haben, kann die zusätzliche Belastung durch die Elternrolle das Fass zum Überlaufen bringen, zumal sie in unserer Gesellschaft kaum auf diese Rolle vorbereitet werden und so gut wie keine Hilfe finden.

## Eltern und Kinder

Ich weiß noch, wie überrascht ich war, als mir Eltern in meiner klinischen Praxis erklärten, es sei falsch und schlecht, dass sie Konflikte mit ihren Kindern hätten. Sie meinten, das dürfe nicht passieren, nicht in *ihrer* Familie. Aber es passierte – und passiert – in jeder Familie.

Eltern-Kind-Konflikte sind nicht auf die Pubertät oder irgendein anderes Alter beschränkt. In einer Untersuchung hat man festgestellt, dass es ungefähr dreimal pro Stunde zu komplizierten Streitigkeiten zwischen Eltern und ihren zwei- bis dreijährigen Kindern kam. Einfachere Konflikte brachen fast viermal in der Stunde aus. In einer anderen Studie zeigten Aufzeichnungen, die bei Abendessen in Familien gemacht wurden, dass es im Durchschnitt pro Mahlzeit 18 Eltern-Kind-Auseinandersetzungen gab, die meist in einer Sackgasse endeten.

Wenn Eltern-Kind-Konflikte nicht konstruktiv bewältigt werden, können sie das persönliche und soziale Gedeihen der Kinder höchst nachteilig beeinflussen. Bei belasteten Eltern-Kind-Beziehungen kommt es vermehrt zu Verhaltensstörungen in der Adoleszenz, vor allem in Form von Drogenkonsum, niedrigem Selbstwertgefühl und Selbstmord.

Viele Belastungen, unter denen Familien leiden, haben damit zu tun, wie Eltern auf nicht akzeptable Verhaltensweisen ihrer Kinder reagieren. Wenn Kinder sich unangemessen verhalten, versuchen die meisten Eltern, selbst solche, die Gewalt ablehnen, durch irgendeine Form von Bestrafung gegenzusteuern. Doch von wenigen Ausnahmen abgesehen, bringt es nicht den erhofften Erfolg. Wenn nun die Eltern feststellen, dass milde Strafen wie »Auszeit« oder Fernsehverbot, das beanstandete Verhalten weder verändern noch verhindern, wird das Strafmaß in der Regel erhöht, manchmal bis zur körperlichen Misshandlung. Vor einigen Jahren haben die Sozialämter in den Vereinigten Staaten 3 111 000 Fälle von Kindesmisshandlungen registriert. Und das sind nur die *gemeldeten* Fälle. Niemand weiß, wie groß die Dunkelziffer ist und wie schwerwiegend diese Fälle sind.

Aus einem Bericht des National Committee for the Prevention of Child Abuse ging hervor, dass 1994 1271 Kinder durch Misshandlung oder Vernachlässigung von Eltern oder anderen Erziehungsberechtigten ums Leben kamen. Mit anderen Worten, in unserem angeblich so aufgeklärten Land sterben pro Tag mehr als drei Kinder an den Folgen von Misshandlung und Vernachlässigung.

Wie wir aus der Forschung wissen, zählt die Erfahrung körperlicher Strafen zu den wichtigsten Ursachen erhöhter Aggressivität bei Jugendlichen und Erwachsenen, vor allem bei antisozialen Erscheinungsformen wie Straffälligkeit und Kriminalität. Solche Ergebnisse sind natürlich meist das Gegenteil dessen, was die Eltern mit ihren Strafen beabsichtigen.

Eine Studie ergab, dass sich noch nicht einmal eines von 400 Kindern, die zu Hause nicht geschlagen wurden, gewalttätig gegenüber seinen Eltern verhielt, ganz im Gegensatz zu den Kindern, die zu Hause geschlagen wurden. Mehr als die Hälfte der Kinder, die von den Eltern körperlich gezüchtigt wurden, hatten während des zurückliegenden Jahres die Eltern geschlagen.

Ein Grundsatz im Wirtschaftsleben lautet: *Wenn etwas nicht funktioniert, hör damit auf.* Manager halten sich meistens an diese Regel, doch bei der Kindererziehung wird sie nicht befolgt. Offenkundig funktionieren körperliche Strafen nicht, daher müssten wir mit ihnen aufhören. Doch Eltern sehen nur die Alternative von Belohnung und Bestechung (die auch nicht funktioniert) einerseits und Gewähren lassen andererseits, das heißt, ihre Kinder dürfen tun, was sie wollen. Während Strafe Kinder brutalisiert, macht Permissivität sie zu egozentrischen, unhöflichen, rücksichtslosen und im Allgemeinen sehr unangenehmen Menschen – kaum eine attraktive Alternative.

Glücklicherweise gibt es einen Ausweg aus dieser Entweder-Oder-Falle, dieser fruchtlosen Entscheidung zwischen Strenge und Nachgiebigkeit. Bei dieser Strategie kommen die Prinzipien und Fertigkeiten zum Tragen, die allen gesunden und konstruktiven Beziehungen zugrundeliegen und nirgends dringender gebraucht werden als in Familien. In späteren Kapiteln wird davon ausführlicher die Rede sein.

Eine der bedrückendsten und verstörendsten Entwicklungen der letzten Jahre sind die Morde, die von Kindern begangen werden, häufig in Schulen. Fassungslos fragen wir uns, was da schiefgelaufen und wer daran schuld ist. Auf der nationalen Konferenz des Children's Institute im Juni 1999 erläuterten James Garbarino und Bruce Perry, dass die Daten über Kinder, die Morde begehen, deutlich auf frühkindliche Erfahrungen mit Missbrauch und/oder häuslicher Gewalt hinweisen.

Die Kehrseite des Mordes ist der Selbstmord. In den letzten Jahrzehnten hat sich die Selbstmordrate bei Jugendlichen zwischen 10 und 14 Jahren fast verdreifacht, während sie sich in der Altersgruppe von 15 bis 19 verdoppelt hat. Bei den 15- bis 24-Jährigen ist Selbstmord die dritthäufigste Todesursache. Zwischen 6 und 13 Prozent der Jugendlichen geben an, sie hätten mindestens einen Selbstmordversuch hinter sich, und 62,6 Prozent der Schüler einer großen Highschool im Mittleren Westen gaben in einer Umfrage an, schon einmal an Selbstmord gedacht zu haben – was uns als Erwachsene eigentlich nachdenklich stimmen müsste, um es vorsichtig auszudrücken. Wie kann jemand, so fragen wir uns, der noch fast sein ganzes Leben vor sich hat, den Wunsch verspüren, es zu beenden?

Es gibt viele Faktoren, die bei Selbstmorden Jugendlicher eine Rolle spielen, doch die Qualität der Beziehungen ist von vorrangiger Bedeutung. Kinder, deren Beziehungen verlässlich und liebevoll sind, erweisen sich in der Regel als zuversichtlich, optimistisch und selbstsicher. Sie bringen weder sich noch andere um.

Wenn Sie dieses Kapitel entmutigend oder deprimierend fanden, dann wissen Sie, wie es mir ergangen ist, als ich mich in die Forschungsberichte vertiefte und feststellte, wie es um einige unserer wichtigsten Beziehungen bestellt ist und was mit ihnen geschieht, wenn die Menschen einfach die Verhaltensmuster der Vergangenheit wiederholen. Ich habe mir die Aufgabe gestellt, allen zu helfen, ihre Beziehungen zu verbessern. In den ersten beiden Kapiteln habe ich beschrieben, welche Barrieren uns an der Verbesserung unserer Beziehungen hindern. In den beiden folgenden möchte ich darlegen, welche Einstellungen wir verändern müssen, um den Schritt von der Behandlung zur Vorbeugung und von hierarchischen zu flacheren Organisationsstrukturen zu leisten.

# 3. KAPITEL

# Vorbeugende Maßnahmen

Kein Zweifel, wenn Menschen häufig gezwungen werden, gegen ihren Willen oder besseres Wissen zu handeln, gehen Beziehungen in die Brüche, und wenn Beziehungen leiden, verursachen sie viele der im letzten Kapitel beschriebenen Probleme. Wohl kaum jemand kann eine intakte, befriedigende Beziehung zu jemandem unterhalten, der Macht ausübt, um seine Bedürfnisse auf Kosten anderer zu befriedigen.

Sind unsere Beziehungen schlecht, erwarten wir Hilfe von der wissenschaftlichen Forschung. Wir denken, es müsste doch eine Spritze geben, ein neues Medikament, eine technische Errungenschaft, irgendein Wundermittel, das uns Erfolg bringt, unsere Gesundheit wieder herstellt, unserem Leben neue Horizonte erschließt, für unser Glück sorgt, unsere Beziehungen repariert und uns die Gewissheit verschafft, es sei mit der Welt aufs Beste bestellt – wenn nur die richtige Behandlungsmethode gefunden würde.

Tatsächlich wissen wir vieles über die Behandlung quälender und gestörter Beziehungen. Doch es gibt viele Gründe, warum Behandlungen nicht zur Beseitigung von Beziehungsproblemen taugen. Erstens ist die Zahl der Menschen, die unter schlechten Beziehungen leiden, außerordentlich groß, nimmt ständig zu und wird weiter wachsen. Zweitens nehmen die Menschen weit schneller Schaden, als wir sie behandeln können, selbst wenn wir alle Mittel einsetzen, die uns zu Gebote stehen.

Wir haben 2015 in den Vereinigten Staaten mit mehr als 50 Millionen Menschen zu rechnen, bei denen Alltagskrisen gravierende seelische Probleme auslösen – Krisen, die größtenteils mit der Qualität ihrer Beziehungen zu tun haben.

Im April 1998 wurde George Albee, Ex-Präsident der American Psychological Association und emeritierter Professor der University of New Hampshire, vom Kongress um Rat gebeten, wie man psychisch erkrankten und seelisch gestörten Menschen helfen könne, für die ihr Leben und ihre Beziehungen eine Quelle von Leid und Unglück sind. Albee teilte den Ausschussmitgliedern mit: »Die Fakten und Zahlen sind zu eindeutig, als dass wir uns in der Hoffnung wiegen könnten, wir würden eines Tages genug Ärzte und Therapeuten haben, um allen leidenden Menschen helfen zu können. Wie hoffnungslos unsere gegenwärtigen Bemühungen sind, wird daraus ersichtlich, dass jedes Jahr nur sechs bis sieben Millionen Menschen im gesamten psychiatrischen System der USA, den öffentlichen wie den privaten Institutionen, behandelt werden.«

Dr. Albee forderte vorbeugende Maßnahmen, um die Ursachen für die Störungen der seelischen Gesundheit zu beseitigen. Diesen Gedanken erläuterte er am Beispiel von Dr. John Snow, einem Londoner Arzt, der 1853 die Choleraepidemie bekämpfte. Snow fiel auf, dass nur bestimmte Menschen erkrankten; daher begann er überlebende Opfer und ihre Angehörigen zu befragen und entdeckte, dass die Erkrankten alle dieselbe öffentliche Wasserpumpe in der Broad Street benutzt hatten. Also entfernte er den Schwengel von der Pumpe, sodass die Menschen dieses Viertels ihr Wasser aus einem anderen Brunnen holen mussten. Damit beendete er die Choleraepidemie. Das ist umso bemerkenswerter, als Dr. Snow nicht die geringste Ahnung hatte, was die Krankheit verursachte, weil der Cholerabazillus damals noch nicht bekannt war, aber der Arzt wusste, dass der Krankheit *vorgebeugt* werden konnte, wenn die Menschen aufhörten, das kontaminierte **34** Wasser zu trinken.

Ein anderes Beispiel ist der junge ungarische Arzt Ignaz Semmelweis, der sich als Erster systematisch die Hände wusch, bevor er Geburtshilfe leistete, und auf diese Weise der Übertragung von Krankheitserregern, vor allem des Wochenbettfiebers, vorbeugte. Damit verhinderte er fast vollständig, dass seine Patientinnen an dieser tödlichen Infektion erkrankten. Als das Händewaschen allgemein praktiziert wurde, beugte es nicht nur dem Wochenbettfieber vor, sondern auch allen anderen Arten von bakteriellen Infektionen, gegen die es damals noch keine Mittel gab.

Für mich ist dieses Buch eine Art »Pumpenschwengel«, eine Vorbeugungsmaßnahme, die einer großen Anzahl von Menschen mit beziehungsbedingten Leiden hilft. Ohne jede Frage können und werden verbesserte Beziehungen auch der körperlichen und seelischen Gesundheit zugutekommen.

## Mein Weg zur Vorbeugung

Carl Rogers bildete mich an der University of Chicago zum Psychotherapeuten aus, danach war ich fünf Jahre lang Mitarbeiter am psychologischen Beratungszentrum der Universität, bevor ich beschloss, eine weitgehend konventionelle Privatpraxis in Pasadena, Kalifornien, zu eröffnen, in der ich psychologische Einzel- und Gruppenberatung für Erwachsene und Spieltherapie für Kinder anbot. Doch die meisten Erwachsenen, die ich behandelte, passten nicht in die üblichen psychiatrischen Kategorien. Sie waren weder neurotisch noch psychotisch, weder klinisch depressiv noch phobisch. Sie litten einfach unter ungelösten Problemen, meist mit Familienangehörigen – Ehepartnern, Kindern, den eigenen Eltern, Ex-Frauen, Ex-Männern und so fort. Hatten Eltern Probleme mit Kindern, waren sie sich sicher, dass etwas mit den Kindern nicht stimmte. Also brachten sie sie zu mir, ganz so, wie sie ihr Auto in die Werkstatt brachten und reparieren ließen, damit es wieder funktionierte.

Doch obwohl die Kinder ihre Eltern auf die Palme brachten, schienen sie normal und gesund zu sein, ganz gewiss nicht emotional gestört im klassischen Sinn. Die meisten fanden, dass ihre *Eltern* Probleme hatten und psychologische Hilfe brauchten. Offen sprachen sie über Familienzank und Konflikte und fühlten sich ungerecht oder respektlos behandelt. Sie wurden häufig bestraft und beklagten, dass ihre Eltern selten zuhörten oder Verständnis zeigten. Manche begannen zu lügen und die Schuld bei anderen zu suchen. Manche kapselten sich ab und mieden nach Möglichkeit den Kontakt mit den Eltern, und einige bekannten, ihre Eltern zu hassen.

Nach den ersten Sitzungen erklärten die meisten, sie würden gern wiederkommen. Sie hatten das Gefühl, dass ich ihnen zuhörte und sie verstand, während ich hoffte, die Behandlung würde die erforderlichen Veränderungen in ihrem Leben bewirken, was manchmal auch der Fall war.

Doch diese Jugendlichen täuschten sich hinsichtlich ihrer Eltern. Auch die brauchten keine Psychotherapie. Sie kamen gut mit dem Leben zurecht, waren erfolgreich und führten überwiegend gute Ehen. Ehrlich bemüht, ihrer Elternrolle gerecht zu werden, kümmerten sie sich um ihre Kinder und waren sehr traurig über diese Entwicklung. Sie taten, was sie für richtig hielten, belohnten oder bestraften die Kinder, um ihnen die Grenzen zu setzen, die sie für nötig hielten, und waren im Wesentlichen genauso autoritär wie ihre eigenen Eltern. Einige wenige gaben zu, ernstere Konflikte mit den Kindern hätten hin und wieder zu Gewaltausbrüchen geführt, und einige Kinder waren von zu Hause fortgelaufen.

Immer und immer wieder hörte ich die gleichen Aussagen von den Jugendlichen:

- Ich habe kein Problem, meine Eltern haben eins.
- Lassen Sie lieber meinen Vater zur Therapie kommen.
- Sie bestrafen mich zu oft.
- Sobald ich alt genug bin, hau ich ab.
- Allmählich hasse ich meine Mutter.
- Ich kann sie nicht mehr ertragen.
- Ich rede nicht mehr mit ihnen.

So begann ich mich zu fragen: »Wie soll ich diese jungen Leute behandeln, wenn sie davon überzeugt sind, dass ihre Eltern sich verändern müssen? Wie soll ich einer Jugendlichen bei einem Problem helfen, das sie nach Meinung der Eltern hat, wenn sie sagt, *sie* seien das Problem? Und umgekehrt, wie soll ich den Eltern dieser verstörten und unglücklichen Jugendlichen helfen, wenn sie die Therapie nicht für nötig halten?«

Zu Hause versuchte ich eine Antwort auf diese Fragen zu finden, und sagte meiner Frau, ich hätte das Gefühl zu versagen. Zum Glück war sie eine gute Zuhörerin. Eines wusste ich mit Bestimmtheit: Ich wollte diesen Eltern helfen, eine bessere Beziehung zu ihren Kindern aufzubauen. Schließlich beschloss ich, etwas Neues zu versuchen; eine Entscheidung, die mein Leben verändern sollte. Zu der Zeit, als ich über diese Probleme nachdachte und nach einer Lösung suchte, gab ich an der University of California in Los Angeles einen Führungskurs, und mir wurde klar, dass die Eltern-Kind-Beziehung der Beziehung zwischen Managern und Mitarbeitern in Wirtschaftsorganisationen gleicht. Ich fragte mich, ob man nicht einfach ein Trainingsprogramm für Eltern entwickeln könnte, wie in dem Führungskurs, den ich gerade hielt. Das ist es, dachte ich. Ich vermittle Eltern die Fertigkeiten, die sie brauchen, damit sie zu demokratischen Managern ihrer Familien werden und dadurch eine bessere Beziehung zu ihren Kindern herstellen können. Partizipatives Elternverhalten! Training, bevor Probleme auftreten! Vorbeugung, um eine Behandlung zu vermeiden!

Mit neuem Elan machte ich mich an die Arbeit und entwickelte einen Kurs, der aus acht Sitzungen und vierundzwanzig Stunden bestand, und nannte ihn *Effektivitätstraining für Eltern (Parent Effectiveness Training, PET)*. Den ersten Kurs hielt ich mit siebzehn Teilnehmern im Hinterzimmer einer Cafeteria in Pasadena ab. Damit hatte ich meine Berufsrolle neu definiert: Ich war zum Lehrer geworden, zum Gruppenleiter, Trainer, Multiplikator. Statt in der Behandlung sah ich meine Aufgabe jetzt in der Vorbeugung. Ich war voller Hoffnung, ein neuer Mensch!

## Vorsicht ist besser ...

Mütter sind zuständig für Lebensweisheiten. Vielleicht wird ihnen das in die Wiege gelegt. Als ich ein Kind war, sagte meine Mutter immer: »Vorsicht ist besser als Nachsicht.« Ihre hat das sicherlich auch gesagt. Alle meine Freunde hatten Mütter, die ihnen derlei Einsichten nahelegten. Also nicht nur meine Mutter verkündete solche Weisheiten, das taten alle Mütter, die ich kannte, vielleicht die Mütter auf der ganzen Welt. Einmal saßen vier oder fünf meiner Freunde und ich an einem heißen Sommernachmittag auf einer schattigen Parkbank und unterhielten uns über die Dinge, die Siebt- oder Achtklässler so interessieren – Fußball, warum Mädchen kichern und was es mit dieser Redensart von der Vorsicht wohl auf sich habe.

Einig waren wir uns, dass es etwas Schlechtes sein müsse, denn wer sollte verhindern wollen, dass etwas Gutes passiert, oder hinterher versuchen es auszubügeln. Allerdings bereitete uns noch etwas anderes Kopfzerbrechen. Wenn Menschen sich bemühen, Unangenehmes zu verhindern, wie kann man dann wissen, ob eine schlechte

Sache, sagen wir, eine Krankheit, ohne diese Bemühungen eingetreten wäre?

Diese Frage bereitet auch Wissenschaftlern Kopfzerbrechen. Anders als im Fall einer Behandlung gibt es bei einer vorbeugenden Maßnahme keine Möglichkeit, im Einzelfall herauszufinden, ob sie Erfolg gehabt hat oder nicht. Nehmen wir beispielsweise an, Sie wären einer der Londoner, die Snow daran gehindert hat, verseuchtes Wasser zu trinken. Hätten Sie Cholera bekommen, wenn Sie das schlechte Wasser weiterhin getrunken hätten? Wahrscheinlich, vielleicht aber auch nicht. Nicht jeder ist erkrankt. Wir wissen nur eines mit Bestimmtheit: Alle, die ohne Snows Eingreifen Cholera bekommen hätten, blieben verschont.

Cholera ist nur eine der Krankheiten, die durch Vorbeugung besiegt worden sind. Andere sind Pocken, Typhus, Kinderlähmung, Masern, Skorbut, Malaria, Gelbfieber und Pellagra. Wir wissen, dass die Vorbeugungsmaßnahmen Erfolg hatten, weil wir heute von diesen Krankheiten relativ verschont bleiben, und zwar weil man die Ernährungsmängel, Bakterien oder Viren, die sie verursachen, entdeckt, Vitaminbehandlungen oder Impfstoffe entwickelt und sie besonders gefährdeten Bevölkerungsgruppen verabreicht hat.

Vorbeugung ist auch die beste Methode zur Verbesserung des physischen Gesundheitszustands. Wir wissen, dass körperliche Bewegung, cholesterinarme Diät, vitaminreiche Kost, Einschränkung des Tabak- und Alkoholkonsums und eine ausgewogene, nährstoffreiche Ernährung das Immunsystem stärken und Krankheiten vorbeugen.

Mit diesem Buch möchte ich einige der Ergebnisse und Erkenntnisse weitergeben, die unsere Kursleiter und ich im Lauf der letzten vierzig Jahre gewonnen haben – Erkenntnisse über die Vorbeugung von Beziehungsproblemen und über Behandlungsmöglichkeiten in den Fällen, in denen die Beziehungen bereits Schaden genommen haben. Auf der ganzen Welt haben wir Trainings-Workshops für Tausende von Menschen durchgeführt und festgestellt, dass sich Beziehungen nur geringfügig unterscheiden. Beispielsweise sind in allen Ländern Beziehungen überwiegend hierarchisch und die Verlierer in diesen Beziehungen sind auf dem einen Kontinent ebenso nachtragend wie auf dem anderen. Wenn etwas schiefgeht, ist man in Europa und Asien mit Schuldzuweisungen genauso rasch zur Hand wie in Amerika. Und es scheint überall etwas schiefzugehen.

Ich möchte auf einfache und deutliche Weise vermitteln, dass wir vielen der geistig-seelischen Störungen in unserer Gesellschaft vorbeugen können, indem wir Beziehungshierarchien abflachen oder beseitigen.

In den folgenden Kapiteln werde ich genau das tun: Ich werde Ihnen einen einfachen und deutlichen Weg zu besserer körperlicher und seelischer Gesundheit zeigen, wobei ich Sie mit dem System vertraut mache, das man heute Gordon-Modell oder Gordon-Beziehungsmodell nennt – ein Instrumentarium, das jeder lernen und zur Verbesserung seiner Beziehungen verwenden kann.

# 4. KAPITEL

# Was Macht in Beziehungen anrichtet

Befriedigende, intakte Beziehungen werden erheblich erschwert durch starre, festgefahrene Organisationsformen, die wir fast überall antreffen, obwohl es durchaus modernere Organisationsformen gibt, die diesen wahrscheinlich weit überlegen sind.

Wie sind die herkömmlichen Organisationsformen entstanden? Vor mehr als zweitausend Jahren entwickelten die Römer ein Organisationssystem, eine Befehls- und Herrschaftshierarchie, die wie eine Pyramide aufgebaut war. Als Rom vom Stadtstaat zum Weltreich aufstieg, erwies es sich als immer unregierbarer, weil eine Nachricht Wochen oder Monate brauchte, um die äußeren Provinzen zu erreichen, und dann noch einmal Wochen, bis die Antwort zurückkam. Die Hierarchie prägte auch den Aufbau der Regierung, indem sie manche Personen einbezog und andere ausschloss. So entstanden Gruppen, die sich von Zeit zu Zeit veränderten, je nachdem, wie die Cäsaren und anderen Machthaber kamen und gingen.

> **Hierarchie,** die; –, -n [griech. hierarchía =
> Priesteramt, zu: hierós = heilig; gottgeweiht u.
> árchein = der Erste sein, Führer sein]:
> **a)** *[pyramidenförmige] Rangfolge, Rangordnung,*
> **b)** *Gesamtheit der in einer Rangfolge Stehenden.*
>
> Duden – Deutsches Universalwörterbuch 2001

Stets liefen die Anweisungen von oben nach unten durch die vielen Glieder der Befehlskette. Zwar beschleunigte das System die Kommunikation nicht, informierte aber die

Cäsaren und Generale darüber, wer verantwortlich war, wer für Erfolge zu belohnen und für Misserfolge zu bestrafen war. So leistete das System über viele Jahrhunderte recht ordentliche Dienste und wurde später sogar zum Vorbild für die Struktur der christlichen Kirche.

Mit der Erfindung der Dampfmaschine setzte die Industrielle Revolution zunächst in England und dann im Rest von Europa und in Amerika ein. Damit verlagerten sich die Produktionsmittel aus der Heimindustrie in die Fabriken, wo die Pyramide für das Betriebssystem übernommen wurde. An der Spitze der Pyramide wurden die Cäsaren von den Eigentümern ersetzt, die zwischen sich und den Arbeitern zwei bis drei Verwaltungsebenen eingerichtet hatten. In vielen Fabriken saßen so genannte Aufseher in Glaskabinen, von denen aus sie die Fabrikhallen übersehen und die Arbeiter im Auge behalten konnten. Vorarbeiter waren den Aufsehern unterstellt und in den Hallen tätig, wo sie direkten – und häufig gewalttätigen – Kontakt zu den Arbeitern hatten.

Die Industrielle Revolution war das Ergebnis neuer Technologien und hätte auch ohne die Pyramide Erfolg gehabt, genauso wie sich die Computertechnologie auch ohne Microsofts Windows durchgesetzt hätte. Die Pyramide hat mehr mit der Einstellung der Oberschicht gegenüber Arbeitern zu tun als mit organisatorischer Effizienz. Die Arbeiter waren die Fußsoldaten der Industrie. In der riesigen, militärisch organisierten Maschinerie galten sie als entbehrliche, austauschbare Teile, von denen man meinte, sie müssten durch Bestrafung und Belohnung motiviert werden. Dazu brauchte man Vorarbeiter und ständige Beaufsichtigung.

In Industrie und Militär hatte sich die Pyramide so gründlich durchgesetzt, dass ihre charakteristische Struktur – der senkrechte Verlauf von oben nach unten – von

Regierungen, Kirchen, Schulen, Krankenhäusern und anderen Organisationen übernommen wurde, selbst dann, wenn eine andere, weniger hierarchische Struktur besser geeignet gewesen wäre.

Die Geschichte hierarchischer Führung offenbart viele Schwächen: Unruhen und Streiks, hohe Fluktuation, mittelmäßige Leistungen, Hochmut der Arbeitgeber gegenüber der Arbeiterschaft und infolgedessen Feindseligkeit der Arbeiterschaft gegenüber den Arbeitgebern, mangelhafte Delegation, Machtmissbrauch.

Gelegentlich lassen auch heute noch verärgerte Arbeiter ihre Wut an den Vorgesetzten aus. Das National Institute for Occupational Safety berichtet, dass 1997 100 Manager und andere Vorgesetzte von Untergebenen getötet wurden. Amerikanische Postangestellte haben ihre Vorgesetzten (und leider auch Kollegen) so spektakulär umgebracht, dass die Redewendung *going postal*, zu Recht oder zu Unrecht, ein Synonym für den Zorn von Arbeitnehmern geworden ist. Offenbar gibt es einen Zusammenhang zwischen dem Unmut von Postangestellten und dem Umstand, dass die US-amerikanische Post »militärisch« geführt wird.

Nach meiner Erfahrung unterschätzen viele Manager das Wissen, die Fantasie und die Kreativität ihrer Mitarbeiter. Doch allmählich setzt sich die Erkenntnis durch, dass die Arbeitswelt demokratischer gestaltet werden muss. Arbeiter sollten wie Manager und Manager wie Arbeiter handeln können. Dazu müssen Führungskräfte neue Fertigkeiten erwerben, damit sie ihre beruflichen

Führung ist keine Solonummer. In den vielen tausend Fällen ausgezeichneter Führungsarbeit, die wir untersucht haben, haben wir nicht ein einziges Beispiel für herausragende Leistung gefunden, die ohne die Beteiligung und die Unterstützung vieler Menschen zustande kam. Das erwarten wir auch in Zukunft nicht.

Peter Drucker, Die Manager von Morgen     **43**

Beziehungen an einem besseren Verständnis des menschlichen Verhaltens und seiner Motive ausrichten können.

Um zu sehen, was geschieht, wenn der hierarchisch-pyramidale Führungsstil aufgegeben und stattdessen eine flache Teamwork-Struktur eingeführt wird, wollen wir die Flugzeugfabrik von General Electric in Durham, North Carolina, betrachten. Dort sind 170 Mitarbeiter in Neunergruppen beschäftigt, aber es gibt nur einen »Chef«, der eher die Funktion eines Koordinators als eines Direktors oder gar Aufsehers hat. Das heißt, im normalen Arbeitsbetrieb haben die Menschen, die dort arbeiten, keinen Vorgesetzten. Im Grunde handeln sie selbstständig, und das so gut, dass nur ganz wenige der riesigen GE90-Maschinen, die sie herstellen, Mängel aufweisen, in den meisten Fällen lediglich einen Kratzer oder eine Schramme, rein kosmetische Schäden. Der Rest ist makellos, und mit jedem Jahr drücken die Mitarbeiter die Fehlerquote und Kosten noch weiter nach unten.

In diesem Betrieb gibt es keine Leistungsanreize, kein Zuckerbrot, keine Belohnungen – außer der Befriedigung, gute Arbeit zu leisten. Nur eine einzige Vorgabe bekommen die Mitarbeiter: wann die nächste Maschine für die Auslieferung fertig sein muss. Alle anderen Entscheidungen treffen die Arbeitsgruppen allein.

In Durham und in vielen anderen Betrieben des Landes beweisen die Mitarbeiter, dass sie, wenn sie entsprechend ausgebildet werden und die Möglichkeit dazu erhalten, in autonomen Arbeitsgruppen zu hervorragenden Leistungen fähig sind. Die hierarchische, vertikale Menschenführung, die seit Jahrhunderten praktiziert wird, erweist sich dagegen als ein höchst ineffizientes System, das Geld, Zeit und Talente verschwendet.

Wenn sich diese flache Organisationsstruktur sogar in einem großen Betrieb so ausgezeichnet bewährt, lässt sich unschwer vorstellen, was sie bei Paaren, in Familien, Schulklassen, in kleinen Firmen und so fort ausrichten kann. Meistens fehlt nur die Bereitschaft dazu. Die dazu erforderlichen zwischenmenschlichen Fertigkeiten werden in diesem Buch erläutert. Im nächsten Kapitel werden wir uns mit einigen dieser Fertigkeiten beschäftigen – zunächst mit einer Methode, dank der wir entscheiden können, welche Fertigkeiten in bestimmten Situationen angemessen sind.

# 5. KAPITEL

# Ein Grundriss für gute Beziehungen

Wie im dritten Kapitel erwähnt, war ich zunehmend frustriert von meiner klinischen Praxis mit ihrem Fokus auf dem Behandlungsaspekt. Statt meine Patienten weiterhin zu behandeln, beschloss ich, mich auf die Vorbeugung zu konzentrieren und Eltern die Fertigkeiten und Prozesse zu vermitteln, die ich Führungskräften und Studenten an der University of California in Los Angeles (UCLA) beibrachte.

Gestützt auf meine fünfjährigen Counseling-Erfahrungen an der Chicago University, die Lehrtätigkeit an der UCLA und die Unternehmensberatung in der Region Los Angeles, begann ich einen Kursus für Eltern vorzubereiten. Ich suchte nach Strategien, um die Situationen und Probleme zu veranschaulichen, von denen ich in meinen Sitzungen mit Eltern und ihren Kindern gehört hatte. Als ich sie auflistete, erkannte ich, dass ich die Probleme in mehrere Gruppen unterteilen konnte: Die einen waren von der Art, die Eltern wütend machte – etwa wenn Kinder ihre Versprechen nicht halten –, die zweite Gruppe stellten Probleme für die Kinder dar, aber nicht für die Eltern. Eine dritte Gruppe waren die Konflikte zwischen Eltern und Kindern, zwischen Kindern und anderen Kindern oder zwischen den Eltern.

Da diese verschiedenen Situationen unterschiedliche Fertigkeiten und Prozesse verlangten, brauchte ich eine Möglichkeit, den Leuten diese Gegensätze verständlich zu machen – das heißt, ein visuelles Modell, das klar, umfassend und leicht zu verstehen war. So begann ich Diagramme zu entwerfen, aber keines wurde meinen Kriterien gerecht. Sie waren nicht klar oder nicht umfassend oder so umständlich, dass selbst ich sie nicht verstand.

Eines Morgens saß ich in der Küche und trank meine zweite Tasse Kaffee, blickte abwesend durch das Fenster, wo ich zwei Jugendliche sah, die in der Auffahrt des Nachbarn Basketball spielten. Ich bin seit Jahren Basketballfan und hatte eine Saisonkarte für die Lakers, als ich noch in Pasadena wohnte. Mir fiel auf, dass die Burschen recht gute Spieler waren: todsichere Sprungwerfer und geschickte Dribbler. Während mir diese Gedanken durch den Kopf gingen, sprang ihnen der Ball weg und hüpfte auf ein neu gepflanztes Blumenbeet zu, das ihre Auffahrt von der meinen trennte. Besorgt stand ich auf, um zu sehen, ob sie meine Blumen zertrampelten. Aber die Jungen waren vorsichtig und holten den Ball, ohne eine einzige Pflanze zu beschädigen. Sie erwiesen sich beim Ballholen als ebenso geschickt wie bei ihrem Spiel. Erleichtert setzte ich mich wieder und trank meinen Kaffee aus.

Bis zu meinem Büro war es eine Fahrt von rund 20 Minuten. Während ich mich durch den Morgenverkehr schlängelte, dachte ich über die Szene vor meinem Küchenfenster nach. Gelegentlich hört man Leute über eine sogenannte Epiphanie berichten, eine plötzliche Erscheinung oder Erleuchtung. Ich vermute, so etwas habe ich wohl an diesem Morgen erlebt. Ohne darüber nachgedacht zu haben, wurde mir plötzlich klar, dass mein Küchenfenster das gesuchte Modell war. Ich sah die Jungen durch die obere Glasfläche des Fensters, und mir gefiel, was ich sah; es hatte, wie wir damals sagten, eine »positive Ausstrahlung«. Doch dann rutschte der Ball den Jungen aus der Hand und trudelte auf mein Blumenbeet zu. Um zu sehen, wohin er rollte, musste ich aufstehen und durch die untere Scheibe auf das Blumenbeet schauen. Ich war besorgt und hatte Angst, dass die neu gepflanzten Blumen zertrampelt würden. Doch sie blieben verschont, **47** und ich konnte mich wieder entspannen. Damit hatte ich mein Modell: ein Fenster.

In meinem Büro angekommen, setzte ich mich an meinen Schreibtisch und begann Fenster zu zeichnen. Es dauerte ein paar Tage, bis ich es hinbekam, aber als ich zufrieden war, setzte ich eine Besprechung an und legte meinen Mitarbeitern das Diagramm zur Begutachtung vor. Zunächst erklärte ich das Fenster, dann machten sie Vorschläge, wiesen auf Dinge hin, an die ich nicht gedacht hatte, waren aber im Großen und Ganzen mit dem Konzept einverstanden.

Der Rest dieses Kapitels wird von dem Fenster weitgehend in der Form handeln, in der ich es meinen Mitarbeitern an jenem Morgen vorgelegt habe. Ich hoffe, es beantwortet einige grundsätzliche Fragen zum Problembesitz und weiß auch eine Antwort auf das unvermeidliche »Gut, und was tue ich dann?«

Dieses Rechteck lässt sich wie mein Küchenfenster zur Veranschaulichung all dessen nutzen, was jemand anders tut und sagt.

Sein anderer Zweck besteht darin, das, was ich sehen und hören kann, in zwei Kategorien zu unterteilen: Dinge, die für Sie akzeptabel (»okay«) sind (wie zum Beispiel Basketballspielen), und Dinge, die es nicht sind. Akzeptable Verhaltensweisen sehen Sie durch diese obere Hälfte des Fensters.

Hier in der unteren Hälfte des Fensters sehen und hören Sie Verhaltensweisen, die Sie nicht mögen und deswegen verändern möchten.

Jetzt wollen wir noch eine dritte Fläche in das Fenster einfügen, indem wir die obere Hälfte der akzeptablen Verhaltensweisen noch einmal in zwei Flächen unterteilen.

Ich bin okay, kann aber sehen, dass jemand anders Probleme hat.

Dies ist der »Keine-Probleme-Bereich«. Niemand hat Ärger oder Probleme. Ich bin okay und du bist okay.

Diese untere Fläche des Fensters zeigt an, dass ich nicht okay bin. Ich habe ein Problem, und das liegt möglicherweise an dir.

Zur Veranschaulichung des Problembesitzes setze ich einige »Vs« (für »Verhaltensweisen«) in das Fenster

V: Eine Mitarbeiterin schluchzt.
V: Partner schlägt die Augen nieder.
V: Sohn sagt: »Ich werde nie gute Noten kriegen. Ich bin einfach zu dumm.«
V: Freund sagt, die Menschen seien zu kritisch und erwarteten zu viel von ihm.

V: Tochter hat sich für das Golfteam der Schule qualifiziert.
V: Nachbarin erklärt, sie habe das Rauchen aufgegeben.
V: Partner hat in Las Vegas 1000 Dollar an einem Automaten gewonnen.

V: Der Chef halst Ihnen kurz vor Schluss noch einen Berg von Arbeit auf.
V: Ein Mitarbeiter, den Sie manchmal beaufsichtigen, betreibt Tageshandel an der Börse, statt seine Arbeit zu erledigen.
V: Ihr Sohn hat versprochen, den Rasen zu mähen, doch nun sind zwei Tage vergangen und der Rasen ist immer noch nicht gemäht.

Das Verhaltensfenster lässt erkennen, ob jemand ein Problem hat und wer es gegebenenfalls ist. Das ist erforderlich, damit Sie entscheiden können, was zu tun ist, was der Situation angemessen ist.

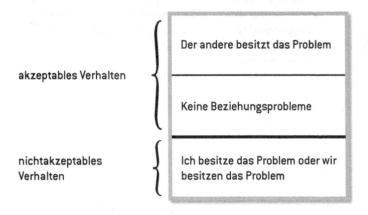

akzeptables Verhalten

Der andere besitzt das Problem

Keine Beziehungsprobleme

nichtakzeptables Verhalten

Ich besitze das Problem oder wir besitzen das Problem

Der »Problembesitz« ist nicht schwer zu bestimmen. Wer negative Gefühle empfindet, »besitzt« diese Gedanken und Gefühle, und nur er oder sie selbst kann sie lösen. Wenn Sie oder ich versuchen, die Probleme eines anderen zu lösen, machen wir gewöhnlich alles nur noch schlimmer. Hin und wieder sage ich Eltern, wenn sie weiterhin abhängige Kinder haben wollen, sollten sie ihnen auch weiterhin alles abnehmen. Wer seinem Kind beispielsweise ständig die Schuhe zubindet, sorgt mit an Sicherheit grenzender Wahrscheinlichkeit dafür, dass das Kind nur schwer lernen wird, es selbst zu tun. Anhand dieses *Tun-für* erklären wir in unseren Seminaren jene Art von Hilfe, die hilflos macht. Manchmal habe ich vorn in meinen Kursräumen ein großes Schild aufgehängt, auf dem stand: »*Achtung!* Hilfe kann jeden Augenblick zuschlagen«, um eine Diskussion anzustoßen über den Unterschied zwischen der Art von Hilfe, bei der wir etwas für jemanden tun, und der Hilfe, bei der wir etwas mit jemandem tun. Die Bibel erklärt diese Idee mit dem Gleichnis der Fische: Lehre die Menschen zu fischen, und sie können sich selbst ernähren. Alle guten Eltern, Lehrer und Vorgesetzte halten sich an dieses Prinzip, um ihren Kindern, Schülern und Mitarbeitern Kompetenz zu vermitteln.

Damit empfehle ich keine kühle, distanzierte Haltung gegenüber Menschen, die Schwierigkeiten haben oder leiden – nach dem Motto »Das ist dein Problem«. Ich bin aber dafür, dass wir ihnen assistieren, was etwas anderes ist als ihnen zu helfen oder Dinge für sie zu tun, die sie selbst tun können. Eine genaue Beurteilung des Problembesitzes ist der erste Schritt des Assistenz-Prozesses.

## Die bewegliche Linie

Anfänglich bestand unser Verhaltensfenster aus zwei Flächen, dem oberen Abschnitt für die akzeptablen Verhaltensweisen (okay) und dem unteren für die nicht akzeptablen (nicht-okay). Dann haben wir die obere Fläche noch einmal in zwei Abschnitte gegliedert – den oberen für die Probleme, die andere haben, und den anderen für den Bereich ohne Probleme. Das teilt unser Fenster in drei ziemlich instabile Flächen auf.

Es gibt drei Faktoren oder Variablen, die das Fenster instabil oder veränderlich machen:

1. das Selbst (wie ich im Augenblick fühle),
2. der oder die anderen Beteiligten (dort treten die Verzerrungen auf) und
3. die Umgebung, in der das Verhalten stattfindet.

In Kapitel 10 werde ich näher auf diese Faktoren eingehen. Hier möchte ich Ihnen nur begreiflich machen, dass die Linie, die akzeptable von nicht akzeptablen Verhaltensweisen trennt, nicht festgelegt ist. Sie bewegt sich. Schauen Sie sich das unten stehende Beispiel des Lotteriegewinners an. **51**

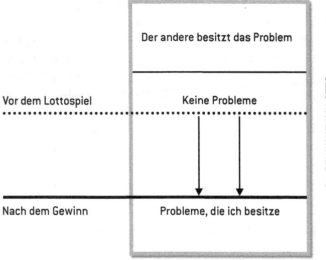

Das heißt, mein Verhalten wird nicht beständig sein – nicht, dass ich etwas an der Beständigkeit auszusetzen hätte, im Gegenteil, sie hat einiges für sich. Fußballer, die beständig gut spielen, werden gefeiert, und Anwälte, Ärzte, Schriftsteller und Angehörige anderer Berufe, die beständig produktiv sind, stehen hoch im Kurs. Doch versuchen Sie nicht, diese Beständigkeit zum Maßstab für die Beurteilung des eigenen oder des Verhaltens anderer zu machen. Das geht nicht. Ich kann nicht beständig sein, wenn ich nicht ständig bin, wie ich bin, und ständig empfinde, wie ich empfinde. Später werde ich erläutern, wie ich andere wissen lassen kann, was mich stört und warum – ohne ihnen Vorwürfe zu machen oder sie zu kritisieren.

Ergänzen wir das Diagramm schließlich noch durch ein Feld mit Strategien, die wirklich hilfreich sind, wenn jemand Probleme hat und Assistenz braucht. Im nächsten Kapitel werde ich zunächst erläutern, wie die meisten Menschen auf solche Situationen reagieren, wie wenig hilfreich ihre Reaktionen meist sind und welche fünf Fertigkeiten es gibt, die wirklich nützen.

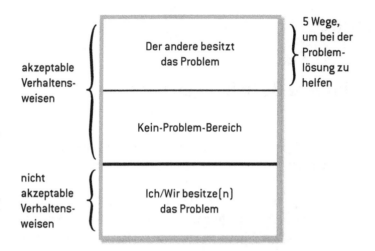

## Das Beziehungs-Credo – Teil 2

Wenn du Probleme hast, werde ich dir mit Aufrichtigkeit und Akzeptanz zuhören, um dir zu helfen, eigene Lösungen zu finden. Ich gestehe dir das Recht zu, eigene Ansichten zu vertreten, mögen sie sich auch noch so sehr von den meinen unterscheiden.

# 6. KAPITEL

# Intakte Beziehungen herstellen

Wenn ich ernsthaft daran interessiert bin, meine Beziehungen zu verbessern, muss ich vier Dinge tun:

1. Ich muss lernen, wie und wann man zuhört.
2. Ich muss lernen, mich auf eine bestimmte Art und Weise mitzuteilen und es zum richtigen Zeitpunkt zu tun.
3. Ich muss lernen, mit Konflikten so umzugehen, dass es am Ende keinen nachtragenden Verlierer gibt.
4. Ich muss mit den Menschen, die mir wichtig sind, einen offenen Dialog beginnen und kontinuierlich fortführen.

Beziehungen werden durch bestimmte Kommunikationsmuster hergestellt oder zerstört. Offene und ehrliche Kommunikation ist die Grundlage für gute Beziehungen. An schlechter Kommunikation scheitern sie. So einfach ist das.

In der zwischenmenschlichen Kommunikation geht es darum, zu verstehen und verstanden zu werden. Da ich unbedingt möchte, dass wir uns in diesem Punkt verstehen, zur Sicherheit noch einmal: *In der zwischenmenschlichen Kommunikation geht es darum, zu verstehen und verstanden zu werden.*

Wenn Sie sich über etwas ärgern und es mir sagen, was bezwecken Sie damit? Warum erzählen Sie es mir? Ist es nicht so, dass Sie mir mitteilen möchten, was in Ihnen vorgeht, dass ich verstehen soll, welche Gedanken und Gefühle Sie bewegen? Wenn Sie es mich nicht wissen lassen wollten, hätten Sie mir nicht davon berichtet.

Wenn ich Sie darüber informieren möchte, wie mir zumute ist, muss ich mit Ihnen reden. Was erwarte ich von Ihnen? Verständnis. Für diese Art des Einfühlungsvermögens gibt es ein Wort: Empathie, Einfühlungsvermögen. Nicht Sympathie, die betrifft den Zuhörer. Wenn Sie empathisch sind, stellen Sie eine Vermutung über meinen Gemütszustand an, erkennen, wie es in mir aussehen muss, teilen mir mit, was für einen Eindruck Sie gewonnen haben. Wenn ich möchte, dass Sie sich mir gegenüber empathisch verhalten, muss ich Ihnen sagen, wie es mir tatsächlich geht. Auch dafür gibt es einen anschaulichen Begriff: Transparenz. Damit Sie mich verstehen, muss ich transparenter, offener werden, ich muss deutlicher zum Ausdruck bringen, wer und was ich wirklich bin.

Ich werde noch näher darauf eingehen, wie wir mit anderen sprechen müssen, damit sie zuhören, wie sich Konflikte lösen lassen, die in jeder Beziehung unvermeidlich sind, und wie Dialoge aussehen können, wenn es keine Probleme gibt. Doch zuerst müssen wir uns mit der Frage beschäftigen, wie wir so zuhören, dass die anderen sich verstanden wissen.

Ein Beispiel: Während der Mittagspause setzt sich ein Freund zu Ihnen an den Tisch und sagt: »Ich habe diese Firma so satt. Hier kommst du einfach nicht vorwärts. Befördert werden immer nur die Leute mit Beziehungen oder die Klugscheißer von der Uni wie Peterson. Das ist nicht fair.«

Sie sagen: »Ich verstehe schon, Jim. Warum besuchst du keine Abendkurse? Du bist genauso klug wie Peterson, nur irgendwie nicht so motiviert.«

Erkennen Sie das Fehlen an Akzeptanz in der Antwort? Zwar versichern Sie Ihrem Kollegen, er sei genauso klug wie Peterson, aber gleichzeitig belehren Sie ihn, was er tun könne, als wäre er zu dumm, selbst darauf zu kommen. Dann eröffnen Sie ihm, es sei etwas mit ihm nicht in Ordnung; er sei – irgendwie – nicht motiviert. Nicht sehr verständnisvoll, oder?

Es folgt eine Botschaft, in der mehr von dem die Rede ist, was Ihr Freund sagt, und weniger von mir, dem Zuhörer. »Du machst dir wenig Hoffnung, hier noch mal befördert zu werden.« Höchstwahrscheinlich wird sich Jim verstanden fühlen. Und höchstwahrscheinlich war das der Grund, warum er überhaupt mit Ihnen sprechen wollte, nicht weil er den Wunsch hatte, wiederhergestellt, analysiert zu werden oder eine Lösung vorgesetzt zu bekommen. Er hat einfach Verständnis gesucht. Häufig gehen solche »Plaudereien« noch eine Weile weiter. In diesem Fall könnte Ihr Freund antworten: »Genau, ich komme hier kein Stück weiter, wenn ich nicht zum Speichellecker werden will wie gewisse andere Leute oder mich für das Management-Trainingsprogramm qualifiziere.« In diesem Fall weiß Jim bereits, was er möchte – sich für das firmeneigene Fortbildungsprogramm qualifizieren. Er braucht nur jemanden, an dem er seine Ideen ausprobieren kann, jemanden, der ihm hilft, die Dinge zu durchdenken, indem er sie durchspricht.

Wir alle brauchen Menschen, die uns mit jener Bereitschaft zur nicht wertenden Rückmeldung zuhören, von der der Psychotherapeut Carl Rogers spricht. Bei uns heißt sie »Aktives Zuhören«. Nach unserer Überzeugung gibt es nichts, was stärker, rascher und dauerhafter zu Qualitäts-Beziehungen beiträgt.

Es gibt allerdings ein großes Problem: Erfahrungen, Gefühle, auch Gedanken können nicht direkt mitgeteilt werden. Nehmen wir an, ich bin traurig, aber ich kann Ihnen dieses Empfinden beim besten Willen nicht vermitteln. Meine Erfahrungen bleiben in mir verschlossen – da geht es mir wie Ihnen und jedem Menschen auf der Erde. Der Kreis unten steht für eine Person und die Sinuskurve für einen Gemütszustand, der sich im Gleichgewicht befindet. Mit anderen Worten, dieser Mensch hat keine heftigen Gefühle.

Doch wenn die Person Angst hat, könnte sich folgendes Bild ergeben:

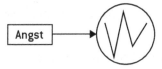

Wäre ich diese verängstigte Person, wäre mir daran gelegen, Sie über meinen Gemütszustand zu informieren, doch sprachliche Äußerungen sind nicht mit dem inneren Erleben identisch. Was ich Ihnen über meine Erfahrungen – meine Gedanken und Gefühle – mitteilen kann, können wir uns als eine verschlüsselte Botschaft vorstellen. Der Hörer hat die Aufgabe, sie zu entschlüsseln. Das sieht dann etwa so aus:

Gelegentlich ist die Botschaft vollkommen klar. Zum Beispiel, wenn ich sage: »Das laute Geräusch hat mich erschreckt« oder »Ich bin müde und möchte mich setzen«. Doch meistens ist es so, als sprächen wir alle eine Sprache, die einer Übersetzung bedarf. Der Hörer ist der Übersetzer. Daher könnte unser Diagramm nun so aussehen:

Nur wenn Sie nachfragen, können Sie sich davon überzeugen, dass Sie die Botschaft richtig entschlüsselt haben. Wenn Sie den Sinn richtig wiedergegeben haben, wird der andere etwas sagen, wie »richtig« oder »mmhmm« und fortfahren. Liegen Sie weit daneben, wird der Sprecher Sie korrigieren.»Nein, was ich meine, ist …« und erst dann fortfahren. Im Grunde genommen können Sie gar nichts falsch machen. Die Strategie ist, fachlich gesprochen, ein sich selbstkorrigierender Prozess.

Gehen Sie irgendwohin, wo Menschen zusammenkommen – in eine Bar, einen Vortragssaal, ein Theaterfoyer, eine Sporthalle –, und Sie werden feststellen, dass alle Welt redet und redet, dass wir von Gerede umgeben sind. Doch hört uns jemand zu? Würden Sie an einem dieser gut besuchten Orte eine Befragung durchführen, würden Sie sicherlich lauter positive Antworten bekommen. Klar doch, alle hören zu. Oder etwa nicht? Wir hören dem Fernsehreporter oder dem Nachrichtensprecher im Radio zu. Wir hören Freunden, Ehepartnern, Söhnen und Töchtern zu. Wir hören Musikern und Schauspielern zu. Wir hören Kollegen, Mitarbeitern, Vorgesetzten, Kunden und Beratern zu. Offenbar hören wir allen zu. Aber tun wir es wirklich? Oder *hören* wir nur?

Eine unserer Trainerinnen berichtete mir, sie sei kürzlich in einer Abflughalle Zeugin eines etwas gereizten Gespräch zwischen einer Mutter und ihrer fünf- oder sechsjährigen Tochter geworden:

*Tochter:* »Aber ich *will* nicht ins Flugzeug. Ich will nicht. Ich will nach Hause.«
*Mutter:* »Du benimmst dich wie ein Baby.«
*Tochter:* »Tu ich nicht. Ich will nur nicht ins Flugzeug.«
*Mutter:* »Wir steigen in dieses Flugzeug, ob du willst oder nicht. Also, halt endlich den Mund!«
*Tochter:* »Ich kann doch Papa anrufen. Er kann kommen und mich mit nach Hause nehmen.«
*Mutter* (schnappt sich die Tochter und drückt sie heftig in den Sitz): »Setz dich jetzt dahin und halt den Mund. Du wirst niemanden anrufen. Du kommst mit zu Großmutter. Und damit *Basta*. Halt endlich den *Mund!*«

»Ich war erleichtert«, so die Kursleiterin, »als ich zu meinem Flugzeug musste und die Halle verlassen konnte, in der sich die Szene abgespielt hatte. Doch in 11 000 Meter Höhe spielte ich das Mutter-Tochter-Szenario noch einmal durch und fragte mich, was wohl geschehen wäre, wenn die Mutter versucht hätte, die Gefühle der Tochter zu verstehen.« Ich vermute, die Tochter hatte Angst vorm Fliegen, und wenn die Mutter darauf eingegangen wäre, hätte sie beispielsweise sagen können: ›Du hast wirklich Angst, ins Flugzeug zu steigen, und würdest lieber zu Hause bleiben.‹ Vermutlich hätte sie die Gefühle des kleinen Mädchens einfach erkennen müssen, um seine Befürchtungen zu zerstreuen.

Ich bezweifle, dass die wütende Mutter aus der Abflughalle dieses Buch liest, doch Ihnen möchte ich einige der Dinge mitteilen, die ich übers Zuhören gelernt habe – unter welchen Bedingungen es wirkt und wann es nicht wirkt.

## Feedback, das nicht wirkt

Wir wissen wohl alle, was Leute üblicherweise sagen, wenn jemand von seinem Problem spricht. Bei uns heißen diese Äußerungen *Straßensperren* oder Kommunikationsblockaden – weil sie genau das tun: Sie versperren die Kommunikationswege.

Diese Straßensperren lassen sich in zwölf Kategorien einteilen. Nehmen wir als Beispiel die Äußerung des kleinen Mädchens: »Ich will nicht ins Flugzeug. Ich will nicht. Ich will nach Hause« und schauen wir uns an, wie die Straßensperren hier ausfallen könnten:

**Sperre 1**    **befehlen, anordnen, bestimmen:** »Wir fliegen, also halt jetzt den Mund.«

**Sperre 2**    **drohen, warnen:** »Wenn du nicht aufhörst zu jammern, dann sorge ich dafür, dass du Grund zum Jammern hast.«

**Sperre 3**    **moralisieren, predigen:** »Brave Kinder weinen und quengeln nicht. Du solltest dich freuen, dass wir zu Großmutter fliegen.«

**Sperre 4**    **Ratschläge erteilen, Lösungen vorgeben:** »Du musst einfach an etwas anderes denken. Dann geht es dir gleich besser. Warum holst du dir nicht die Buntstifte aus der Tasche und malst ein bisschen?«

**Sperre 5**    **Vorträge halten, belehren, Fakten liefern:** »Nur noch drei Stunden, dann sind wir bei Oma.«

**Sperre 6**    **Urteile fällen, Vorwürfe machen, kritisieren:** »Kein Kind im Flughafen führt sich so unmöglich auf wie du.«

**Sperre 7**    **loben, schmeicheln:** »Du bist doch ein großes Mädchen. Und so vernünftig.«

**Sperre 8**    **beschimpfen, lächerlich machen:** »Du benimmst dich wie ein Baby.«

**Sperre 9 interpretieren, diagnostizieren, analysieren:**
»Du willst mich nur blamieren.«

**Sperre 10 trösten, Sympathie bekunden:** »Armer Schatz!
Reisen ist anstrengend, nicht wahr?«

**Sperre 11 forschen, fragen, verhören:** »Warum führst du
dich so auf?«

**Sperre 12 zurückziehen, sarkastisch reagieren, ausweichen:** »Schau mal den großen roten Luftballon,
den der kleine Junge dort drüben hat.«

Kommt Ihnen das vertraut vor? Fallen Ihnen dabei bestimmte Menschen, Orte und Ereignisse ein? Erinnert Sie
das an Momente, wo Sie wütend waren und wo man
Ihnen sagte, Sie sollten damit aufhören, wo man Ihnen erklärte, warum Sie »wirklich« zornig seien, oder riet, endlich erwachsen zu werden? Wissen Sie noch, wie Sie sich
damals fühlten und was Sie taten, als Sie solch ein Feedback erhielten? Die meisten Menschen verstummen, gehen fort oder setzen – wie das kleine Mädchen auf dem
Flughafen – ihre Bemühungen Verständnis zu finden fort,
meist ohne großen Erfolg.

Keine der Sperren vermittelt Verständnis. Tatsächlich
geht es dabei gar nicht um das, was der Sprecher sagt,
sondern um den Hörer. Außerdem enthalten sie verborgene Botschaften. In Straßensperre 1 bis 5 ist die Botschaft
versteckt: *Du bist zu dumm, um es selbst herauszufinden,
deshalb sage ich es dir.* Die Sperren 6 bis 11 unterstellen:
*Mit dir stimmt etwas nicht* (und teilen in einigen Fällen –
etwa beim Analysieren und Diagnostizieren – gleich mit,
was es ist). In Sperre 12 heißt die verborgene Nachricht:
*Es ist gefährlich, darüber zu sprechen* oder *Es ist mir unangenehm, davon zu hören.*

Gelegentlich werden die Sperren auch als Sprache der
Nichtakzeptanz bezeichnet. Nun wissen wir aber, dass
wir, um zu verstehen, was ein anderer denkt und/oder
fühlt, *akzeptieren* müssen, dass seine Gedanken und Ge-

fühle zumindest im Augenblick wahr und real für ihn sind. Daher brauchen wir die Sprache der Akzeptanz, das heißt, ein Feedback, das Verständnis für die Gedanken und Gefühle signalisiert, die der Sprecher äußert.

## Fünf Werkzeuge des Zuhörens

Eines der wichtigsten Werkzeuge für das Zuhören, das Sie sich aneignen können, ist so naheliegend, dass die meisten Menschen mich wie das siebte Weltwunder ansehen, wenn ich es ihnen sage. Hier ist es: *Halten Sie den Mund.*

Genau. Halten Sie den Mund. Denn Sie können schlecht zuhören, wenn Sie sprechen oder sich überlegen, was Sie als Nächstes sagen.

Betrachten wir ein zweites Werkzeug. Während Sie den Mund halten, sollten Sie Ihre Aufmerksamkeit auf den Sprecher richten. Menschen in »Helfer-Berufen« bezeichnen das als Zuwendung. Sie müssen sich dem Sprecher *zuwenden*. Stellen Sie Blickkontakt her, schauen Sie ihn an, nehmen Sie eine offene Körperhaltung an, bleiben Sie außerhalb seines persönlichen Raums. Für die meisten Menschen sind das ein bis zwei Meter. Da dieses Maß individuell unterschiedlich ausfällt, können Sie den besten Abstand herausfinden, indem Sie näher an den Sprecher heranrücken, bis Sie in seinen persönlichen Raum eindringen und er sich zurücklehnt; dann weichen Sie etwa dreißig Zentimeter zurück.

Manchmal wird von Ihnen als Hörer nicht mehr verlangt, als einfach still da zu sein, doch wenn Sie vollkommen verstummen, kann Ihr Gesprächspartner nicht wissen, ob Sie wirklich aufmerksam sind, deshalb ist ein drittes Werkzeug wichtig. Auch das hat einen Namen: *einfache Bestätigung.* Das ist allerdings eine etwas hochtrabende Bezeichnung für eine Reihe wenig spezifischer Äußerungen wie *hmm, wirklich, echt* und weitere neutrale

Einwürfe, die Sie mit Nicken und entsprechendem Mienenspiel begleiten können.

Hin und wieder fällt es Menschen schwer, einen Anfang zu finden. Oder sie sagen gar nichts, lassen aber durch ihr Benehmen und Verhalten erkennen, dass sie sprechen möchten. Sie weinen, schimpfen, lassen den Kopf hängen, schlurfen mit den Füßen oder signalisieren in irgendeiner anderen Form, dass etwas nicht stimmt. Werkzeuge für solche Anlässe sind offene Fragen wie: »Du scheinst (traurig, nervös usw.) zu sein. Möchtest du darüber sprechen?« oder Äußerungen wie: »Erzähl mir, was los ist«. Einladungen zum Reden, mehr nicht. Ich nenne sie *Türöffner*, denn genau das leisten sie: Sie öffnen die Türen zu einem Gespräch.

Trotz ihrer Nützlichkeit können ruhige Zuwendung, Türöffner, empathische Lautäußerungen und ähnliche Werkzeuge nicht zeigen, dass Sie den Sprecher verstehen, sondern nur, dass Sie da sind und sich dem anderen zuwenden. Daher brauchen Sie das fünfte Werkzeug des Zuhörens: *Feedback*. Das war es, was unsere Kursleiterin von der Mutter in der Abflughalle eigentlich erwartet hätte – ein wenig Feedback für die Tochter.

Es ist nicht schwer. Sie müssen einfach im Gedächtnis behalten, dass die Wörter, die Menschen äußern, gewöhnlich ein Code, eine Verschlüsselung, sind. Das kleine Mädchen im Flughafen sagte: »Ich will nicht ins Flugzeug. Ich will nicht. Ich will nach Hause.« Wenn ich eine solche Äußerung höre, kann ich mich fragen: »Wie geht es ihr wohl, wie mag es sein, in ihrer Haut zu stecken?« Ich bin kein Gedankenleser. Da es bestenfalls eine Vermutung sein kann, halte ich mich an meine beste: Ich vermute, dass das kleine Mädchen *Angst* hatte.

Es folgen einige verschlüsselte Äußerungen. Was vermuten Sie? Wie könnte die tatsächliche Botschaft lauten?

1. Ärgerlicher Nachbar sagt: »Mir stinkt der Job. Er ist langweilig und ich würde gern kündigen, aber die Kinder studieren, und auch sonst ist noch 'ne Menge abzuzahlen ... Wo finde ich bloß eine andere Stellung, die so gut bezahlt wird?«

Ihre Vermutung _____

_____

_____

2. Nervöse Kollegin sagt: »Hundertmal habe ich versucht, das Rauchen aufzugeben, aber ich schaffe es nicht. Was soll ich nur tun?«

Ihre Vermutung _____

_____

_____

3. Schluchzende Tochter sagt: »Seit zwei Jahren bin ich mit Frank zusammen, und jetzt sagt er, dass er sich mit anderen Mädchen treffen will. Was soll ich bloß machen?«

Ihre Vermutung _____

_____

_____

Hier sind meine Vermutungen. Im ersten Beispiel würde die Äußerung »Du hättest gerne eine interessantere Stellung, hältst aber einen Berufswechsel angesichts deiner finanziellen Verpflichtungen für riskant« seine Gedanken und Gefühle vielleicht ziemlich genau wiedergeben.

Im zweiten Beispiel würde ich es mit der Annahme versuchen: »Du bist entmutigt, weil du mit all deinen Versuche, das Rauchen aufzugeben, gescheitert bist.«

Zu meiner Tochter könnte ich sagen: »Du bist gekränkt und weißt nicht, wie du dich verhalten sollst.«

Wie Ihnen vielleicht aufgefallen ist, schließen die Sprecher in allen drei Fällen mit einer Frage. Antworten vom Zuhörer sind fast nie erwünscht oder erforderlich. Und abgesehen davon, was würden Sie Ihrer Tochter denn raten? »Am besten, du vergiftest Frank«?

Ich glaube, bei dem Versuch, effektiv zuzuhören, ist eines der größten Hindernisse unsere Neigung, auf alle Fragen eine Antwort zu geben, denn wir versuchen, den anderen zu »kurieren«, so zu tun, als wüssten wir die beste Lösung für jede Situation. Wenn ich mich beim Zuhören dabei ertappe, dass ich über Lösungen, Auswege und Antworten nachdenke, bin ich auf dem Holzweg. Um den Sprecher zu verstehen, muss ich mit meinen Gedanken ganz bei seinen Gedanken und Gefühlen sein. Sicherlich ist das der Weg, der seltener beschritten wird, aber er verändert alles, um es mit dem Dichter Robert Frost zu sagen.

## Die Retter-Falle vermeiden

Jeder würde andere gerne aus Schwierigkeiten und Not befreien. Das ist ein natürlicher Impuls. Ein Informatiker würde es vielleicht so formulieren: Wir sind fest verdrahtet, alles zu tun, was in unserer Macht steht, um die Menschen, die wir lieben, zu behüten und zu beschützen. Wir möchten nicht, dass sie leiden. Doch gelegentlich verfallen wir mit unseren Versuchen, Kummer zu lindern, Probleme zu lösen, Schwierigkeiten zu beseitigen und Leiden zu verhindern, in die Rolle des Retters. *Retten* in diesem Sinn heißt nach meiner Definition, dass man für einen anderen etwas tut, was er genauso gut – und vielleicht sogar besser – allein leisten könnte. Die Haltung, die uns zum Retten verführt, schlägt sich in all unseren Beziehungen nieder und wirkt sich auf alle Beteiligten nachteilig aus. Um zu retten, müssen wir die Person, die gerettet werden soll, *viktimisieren*, das heißt, sie als unfähiges, ohnmächtiges Opfer sehen, welches Hilfe braucht. Damit manövriert sich der Retter in die überlegene Position dessen, der fähig, kompetent und im Vollbesitz seiner Kräfte ist.

Je mehr wir helfen, desto hilfloser werden die Empfänger der Hilfeleistung. Es gibt einen enormen Unterschied zwischen der Hilfe eines Retters und der Assistenz eines Nicht-Retters. Wenn jemand ertrinkt, dann retten Sie ihn, indem Sie ihn aus dem Wasser ziehen. Doch Fälle, in denen Menschen solche Hilfe brauchen, sind äußerst selten. Andererseits brauchen Menschen häufig Assistenz; dann tun wir etwas *zusammen mit* dem Betroffenen. Die Wörter *Hilfe* und *Assistenz* werden zwar häufig austauschbar verwendet, sie bedeuten aber keineswegs dasselbe. Behalten Sie also im Gedächtnis, dass in Wirklichkeit *Hilfe* und *Rettung* Synonyme sind.

- Retten heißt, die Probleme anderer Menschen in Besitz nehmen.
- Wer die Probleme anderer Menschen in Besitz nimmt, signalisiert ihnen, dass er sie für unfähig hält.
- Für unfähig gehalten zu werden, verärgert die Menschen.
- Mit verärgerten Menschen lässt sich schwer umgehen.
- Und die Retter, die es doch nur gut meinen, fragen sich, warum mit anderen Menschen so verdammt schwer auszukommen ist.

### Rückblick: Wer hat eigentlich das Problem?

Menschen haben Probleme. Wenn sich das Problem, das ein anderer hat – beispielsweise die Kollegin, die es nicht schafft, das Rauchen aufzugeben –, nicht konkret auf mich auswirkt, ist es ganz offenkundig das Problem der Kollegin. Sie hat es. Falls ihr Verhalten jedoch auch mich betrifft, falls sie beispielsweise in meinem Büro raucht, ist es mein Problem. Ich habe es. Die Regel lautet: *Wer das Problem hat, muss es lösen.* Dazu mögen die Assistenz und Mitarbeit anderer erforderlich sein, doch es bleibt Aufgabe des Problembesitzers, es zu lösen.

Vergegenwärtigen wir uns die Zusammenhänge noch einmal: In Beziehungen gibt es drei Arten von Problemsituationen. Erstens, jemand anders hat ein Problem. Zweitens, ich habe ein Problem. Drittens, keiner hat ein Problem. In diesem Fall steht mir viel problemfreie Zeit zur Verfügung. Bei hinreichend problemfreier Zeit ist alles anders. Die kommunikativen Sperren sind keine Sperren mehr. Ich kann spielen, scherzen, necken und fast alles sagen, was ich möchte, ohne die Nähe zu gefährden, die sich im Dialog mit meinem Partner herstellt. Es versteht sich von selbst, dass Paare, die sich ihre Gedanken und Gefühle mitteilen, die miteinander reden, die über die Ereignisse und Erlebnisse ihres Alltags sprechen, eher zusammenbleiben.

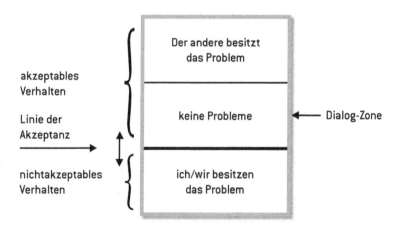

Vor einigen Jahren schrieb Reuel Howe ein interessantes kleines Buch mit dem Titel *The Miracle of Dialogue*, in dem er erläutert, warum Paare, die die problemfreie Zeit zum Dialog nutzen, zusammenbleiben. Im ersten Absatz seines Buches beschreibt er seine Prämisse:

> Jeder Mann (und jede Frau) ist ein potenzieller Feind, das gilt sogar für die Menschen, die wir lieben. Nur der Dialog kann uns von der Feindschaft erlösen, die jeder gegen jeden empfindet. Der Dialog ist für die Liebe, was das Blut für den Leib ist. Hört das Blut auf zu fließen, stirbt der Leib. Hört der Dialog auf, stirbt die Liebe, an ihrer Stelle werden Groll und Hass geboren. Doch der Dialog kann eine tote Beziehung heilen: Er kann eine Beziehung zum Leben erwecken, und er kann eine Beziehung, die bereits tot war, zu neuem Leben erwecken.

# 7. KAPITEL

# Aktives Zuhören – oder: So zuhören, dass sich andere verstanden fühlen

Manchmal verhalten sich Menschen, so hat man einmal gesagt, als wären sie Objekte, wie sie Sir Isaac Newton zur Erläuterung seiner Bewegungsgesetze beschrieb: Ruhen Gegenstände, bleiben sie im Allgemeinen in Ruhe, und sind sie in Bewegung, bleiben sie meist in Bewegung. Genauso wir: Herrscht in unserem Inneren Frieden, empfinden wir keine heftigen Gefühle; wir bleiben im Allgemeinen still, das heißt wir befinden uns in Ruhe. Doch wenn Konflikte auftreten oder wenn uns starke Gefühle umtreiben, haben wir den Eindruck, uns im Ungleichgewicht zu befinden. Wir gleichen Newtons bewegten Körpern, die die Tendenz haben, in Bewegung zu bleiben. Aus dem Gleichgewicht geraten, sind wir bestrebt, es wiederzugewinnen. Dazu bedienen wir uns häufig der Sprache. Dann suchen wir nach einem Resonanzboden, jemandem, dem wir zutrauen, dass er uns empathisch zuhört.

Worauf beruht die Wirkung des empathischen Zuhörens? Nach allem, was wir wissen, gibt diese Fähigkeit einem Menschen, der Konflikte hat, die Möglichkeit, sich seine Erfahrung vollständig zu vergegenwärtigen. Forscher meinen, Erfahrungen, die vollständig durchlebt werden, könnten im Gedächtnis abgelegt werden. Sie bleiben nur noch als Erinnerungen erhalten. Dazu eine Übung, die ich mache, wenn ich Kopfschmerzen habe:

- Ich setze mich, schließe die Augen, mache ein paar tiefe Atemzüge und entspanne mich.
- Wenn ich entspannt bin, blicke ich in meinen Kopf hinein und suche den Schmerz.
- Wo befindet er sich? Hat er eine Form? Wie groß ist er? Welche Farbe hat er? Wie viel Wasser kann er fassen?
- Ich wiederhole diese Fragen, bis ich den Kopfschmerz nicht mehr finden kann.

In der Regel bin ich vom Schmerz befreit, sobald ich die Fragen zwei- oder dreimal wiederholt habe, es kann aber auch länger dauern. Die Fragen sollen meine Aufmerksamkeit auf den Kopfschmerz lenken, also das Gegenteil dessen bewirken, wozu ich instinktiv tendiere, nämlich jeden Gedanken daran zu vermeiden. Wenn ich mich auf den Kopfschmerz konzentriere, zwinge ich mich, ihn zu erleben, ihn zu vergegenwärtigen, und bringe ihn auf diese Weise zum »Verschwinden«. Meist ist es leichter, wenn mir die Fragen von jemand anders gestellt werden, sodass ich meine ganze Aufmerksamkeit dem Kopfschmerz zuwenden kann und sie nicht zwischen dem Schmerz und den Fragen teilen muss.

Erinnern Sie sich an Mutter und Tochter im Flughafen? Hätte die Mutter vermutet, dass ihre kleine Tochter Angst hatte, und beispielsweise gesagt, »Du hast Angst vor dem Flugzeug. Du möchtest lieber nach Hause«, hätte sich diese Angst verringert und bei weiteren Reaktionen anteilnehmenden Zuhörens möglicherweise ganz verflüchtigt.

Genau das leistet Aktives Zuhören; es hilft den Leuten, das Leid und die Verstimmungen, die sie empfinden, zu vertreiben. Ich denke, dass diese Art des Zuhörens eine wirksame Vorbeugung für viele, sogar für die meisten emotionalen Probleme in allen meinen Beziehungen ist. Und es kostet nichts.

Als Zuhörer habe ich die Aufgabe,

1. aufmerksam zu sein;
2. Kommunikationssperren zu vermeiden;
3. die Rolle des Retters zu verweigern;
4. das, was ich von den Äußerungen und Gefühlen des Sprechers verstehe oder zu verstehen glaube, als Feedback zurückzugeben. Ich bemühe mich nach Kräften, die Botschaft des Sprechers zu »entschlüsseln«.

Beispielsweise sagt jemand: »Ich habe Angst vor Computern ...«, während er in Wirklichkeit berichten möchte, wie wütend er auf seine Frau ist. Häufig beginnen die Menschen mit dem Ärger über ein angstfreies Ereignis oder Thema, um festzustellen, ob sie über ihr wirkliches Problem sprechen können. Gibt der Zuhörer dann etwas Tröstliches von sich, sagt er so etwas wie »Keine Sorge, da braucht man keine Angst zu haben«, rät er dem anderen, einen Computerkurs zu besuchen, bleibt das eigentliche Problem wahrscheinlich verborgen.

> Ich wünschte, es gäbe ein Institut, das zuhören lehrt. Ein guter Manager muss nämlich mindestens so lange zuhören wie selber reden. Zu viele Menschen begreifen nicht, dass echte Kommunikation keine Einbahnstraße ist.
>
> Lee Iacocca
> Ehemaliger Vorstandsvorsitzender der Chrysler Corporation

## Fehler beim Zuhören

Wenn ich Menschen richtig zuhöre, reden sie manchmal noch eine ganze Zeitlang weiter. Dabei ist es falsch, wenn ich zuhöre, ohne es wirklich zu wollen oder die Zeit dazu zu haben. Dann gebe ich wahrscheinlich nonverbale Hinweise – indem ich etwa unruhig werde oder auf die Uhr schaue –, insofern kann ich genauso gut ehrlich sein und dem anderen mitteilen, dass ich noch zu tun habe, und mich mit ihm, wenn es denn passt, zu einem späteren Zeitpunkt verabreden.

In eine andere Falle tappe ich, wenn ich zuhöre, obwohl ich den Sprecher nicht akzeptiere und es lieber sähe, er würde sich ändern. Aktives Zuhören setzt eine emotionale Abgrenzung zwischen Zuhörer und Sprecher voraus, die Bereitschaft, ihn genau so zu lassen, wie er ist. Gelingt diese Abgrenzung nicht, kann ich nicht richtig zuhören. Wenn ich den anderen nicht akzeptiere und möchte, dass er sich ändert, bin ich nicht bereit zuzuhören, sondern habe das Bedürfnis zu sprechen.

Ein weiterer Fehler besteht darin, sich mit den Fertigkeiten des Zuhörens Informationen zu verschaffen, um sie für andere Zwecke zu verwenden. Das ist manipulativ und wird dem Zuhörer nachgetragen werden.

Auch wer Zuhören als »Technik« auffasst, unterliegt einem Missverständnis. Aktives Zuhören soll Verständnis vermitteln, dem Sprecher assistieren, aber nicht, eine erlernte Fähigkeit unter Beweis stellen. Kurz vor Ende eines Kurses erinnere ich die Teilnehmer stets daran, dass sie zu Hause auf Angehörige, Mitarbeiter und andere Menschen eingehen müssten, die nicht am Kurs teilgenommen hätten und nun möglicherweise neugierig, besorgt, ängstlich oder ablehnend seien. Es ist von großer Bedeutung, dass niemand glaubt, Sie hätten etwas gelernt, was Sie in Zukunft auf ihn »anwenden« könnten. Es gibt kein Geheimnis. Wenn jemand interessiert ist, sollten Sie ihm berichten, was Sie gelernt haben. Schenken Sie ihm zum Beispiel dieses Buch.

Hier sind noch einige andere Möglichkeiten, beim Aktiven Zuhören etwas falsch zu machen:

1. Gefühle übertreiben (zu Tode erschreckt statt besorgt sein).
2. Gefühle herunterspielen (verschnupft statt knallwütend sein).

3. Die Botschaft des anderen durch Ratschläge oder eigene Gedanken ergänzen.
4. Einen Teil oder Teile der Botschaft des anderen weglassen.
5. Altes aufwärmen, frühere Botschaften rückmelden.
6. Vorgreifen, antizipieren, was der Sprecher sagen will.
7. Die Botschaft des Sprechers Wort für Wort wiederholen.
8. Die Botschaft interpretieren oder analysieren.

Diese acht Fehler sind Versuche, den Sprecher zu dirigieren oder zu gängeln, wobei es dann in der Kommunikation mehr um den Zuhörer als den Sprecher geht.

Damit Sie nicht glauben, Zuhören sei schrecklich kompliziert, sehr mit Regeln und Fallen gespickt, folgt jetzt die gute Nachricht. Keine Angst, Sie müssen sich nicht jede einzelne Regel einprägen, brauchen nicht zu befürchten, Sie schaffen es nicht und machen alles falsch. Lassen Sie es mich erklären.

Sie kennen doch sicherlich das Sprichwort von dem Weg zur Hölle, der mit guten Vorsätzen gepflastert ist? Nun, es ist falsch. Der Weg zur Hölle ist mit *schlechten* Vorsätzen gepflastert. Vorsätze liefern die Energie für unser Handeln. Wenn Sie sich vornehmen, dieses Buch weiterzulesen, dann tun Sie es auch. Sie lesen es so lange weiter, bis Sie sich entscheiden aufzuhören. Verstehen Sie, was ich meine?

Aktive Zuhörer handeln vorsätzlich. Sie nehmen sich vor, ihr Verständnis für das, was andere sagen, mitzuteilen, und die anderen bemerken diese Vorsätze. Wenn Sie sich vornehmen, die Menschen zu verstehen, fühlen sie sich natürlich auch verstanden. Vorsätze liefern die Energie, Techniken und Fertigkeiten sind die Werkzeuge, die Mittel.

Vielleicht kommen Sie gelegentlich durch Ihren Beruf in die Situation, zwischen anderen Menschen zu vermitteln, das heißt, ihnen dabei zu helfen, aufeinander zu hören und ihre zwischenmenschlichen Probleme zu lösen.

Dabei kann sich das »Aktive Zuhören« als sehr nützlich erweisen.

Nehmen wir als Beispiel einen Dialog zwischen einem Schulrektor und zwei Mädchen, die aus disziplinarischen Gründen zu ihm geschickt worden waren, weil sie sich geprügelt hatten.

*Schulrektor:* »Ich habe gehört, ihr beide habt euch auf der Toilette geprügelt.«

*Kim:* »Viel geprügelt haben wir uns nicht. Die anderen gehen immer so schnell dazwischen. Nie können wir es austragen.«

*Schulrektor:* »Soll ich den Schreibtisch und den Aktenschrank beiseiteschieben, damit ihr euch hier prügeln könnt, bis ihr die Sache geklärt habt?«

*Kim:* »Das will ich nicht. Prügeln ist blöd.«

*Schulrektor:* »Du glaubst, Prügeln löst das Problem nicht wirklich?«

*Kim:* »Genau. Das ist ein blöder Vorschlag, weil dadurch alles noch schlimmer wird.«

*Schulrektor:* »Dir gefällt die Idee also nicht. Hast du dann irgendwelche Vorschläge zur Lösung des Problems?«

*Denise:* »Warum schließen Sie uns nicht vom Unterricht aus? Das macht man doch sonst immer, aber das bringt auch nichts.«

*Schulrektor:* »Du glaubst, ein Unterrichtsausschluss ist keine Lösung?«

*Denise:* »Nein, im Gegenteil, dann prügeln wir uns nämlich draußen weiter.«

*Schulrektor:* »Euch auszuschließen würde die Prügelei nur auf einen späteren Zeitpunkt verschieben?«

*Kim:* »Genau. Dann kämpfen wir irgendwo wie zwei Köter, die sich beißen, und kommen uns hinterher total bescheuert vor.

*Schulrektor:* »Wenn ihr euch prügelt, seid ihr hinterher nicht besonders zufrieden mit euch.«

*Denise:* »Sie sagen es.«

*Schulrektor:* »Ich bin eurer Meinung und glaube auch, dass ein Ausschluss vom Unterricht keine gute Lösung wäre. Ich denke, ich würde damit nur versuchen, das Problem loszuwerden, hätte aber nicht wirklich versucht, euch bei der Lösung zu helfen. Ich würde euch wirklich gern helfen.«

*Kim:* »Können wir darüber sprechen?«

*Schulrektor:* »Du glaubst, über diese Art von Verhalten zu reden, könnte helfen?«

*Kim:* »Ja.«

Schulrektor (wendet sich an Denise): »Bist du mit dem Vorschlag einverstanden?«

*Denise:* »Wir können es ja mal versuchen. Besser als ein Ausschluss ist es allemal.«

*Schulrektor:* »Ich denke auch, dass es besser ist, darüber zu sprechen, als es zu unterbinden, indem ich euch für drei Tage vom Unterricht ausschließe. Schauen wir mal, was dabei herauskommt. Wer möchte anfangen?«

*Kim:* »Na ja, es ist wirklich ziemlich blöd.«

*Schulrektor:* »Ihr habt euch wegen einer Sache geprügelt, die eigentlich kein Anlass war?«

*Denise:* »Genau. Eigentlich hatte es gar nichts mit uns zu tun.«

*Schulrektor:* »Das hört sich an, als hätte alles mit etwas angefangen, was euch gar nicht betraf.«

*Denise:* »Doch, schon. Meine kleine Schwester hat mich gestern in ihr Zimmer geholt und mir gesagt, Kim hätte angerufen und gesagt, wenn ich nicht aufhöre, sie zu beschimpfen, würde sie in der Schule mit mir abrechnen. Dabei beschimpfe ich sie gar nicht. Sie macht mich an. Sie sagt, ich sei 'ne Schlampe, und das lass ich mir von keinem sagen.«

*Schulrektor:* »Du kannst es nicht ausstehen, wenn man dich beschimpft.«

*Denise:* »Klar, wer kann das schon?«

*Schulrektor:* »Wer lässt sich schon gern beschimpfen.«

*Denise:* »Genau. Besonders wenn es nicht stimmt. Ich bin keine Schlampe, und wenn sie es sagt, dann raste ich eben aus!«

*Schulrektor:* »Wenn man dir etwas unterstellt, was nicht stimmt, empört dich das.«

*Denise:* »Ja!«

*Kim:* »Hören Sie, ich habe sie gar nicht Schlampe genannt. Ihre kleine Schwester und meine hatten Streit, und sie war es, die sie eine Schlampe genannt hat, als sie gestern Abend telefoniert haben. Ich war das gar nicht.«

*Schulrektor:* »Schauen wir mal, ob ich das richtig verstehe. Deine kleine Schwester hat bei Denise angerufen und sie eine Schlampe genannt.«

*Kim:* »Genau.«

*Denise:* »Es hat sich aber angehört, als wärst du es gewesen, Kim.«

*Kim:* »Ich war es aber nicht. Schade, dass sie nicht hier ist. Ich würde schon dafür sorgen, dass sie mit der Wahrheit herausrückt. Sie soll mich nicht immer in ihre Probleme hineinziehen.«

*Schulrektor:* »Du möchtest, dass deine Schwester ihre Probleme selbst löst.«

*Kim:* »Und ob! Ich habe genug eigene.«

*Denise:* »Wenn du das nicht am Telefon warst, tut es mir leid.«

*Kim:* »Schon gut. Sie hätte dich nicht Schlampe nennen dürfen.«

*Schulrektor:* »Ich habe den Eindruck, euch beiden tut leid, was geschehen ist, und ihr habt eure Entschuldigungen angenommen.«

*Kim:* »Was für ein blöder Grund, sich zu prügeln.«

*Schulrektor:* »Es war kein vernünftiger Grund für eine Prügelei.«

*Denise:* »Wissen Sie was? Ich bin froh, dass es vorbei ist.«

*Schulrektor:* »Du bist erleichtert, dass die Angelegenheit aus der Welt geschafft ist.«

*Denise:* »Genau.«

*Kim:* »Ich auch.«

*Schulrektor:* »Könnten wir eine Vereinbarung treffen, bevor ich euch in den Unterricht zurückschicke?«

*Denise:* »Mehr tun Sie nicht?«

*Schulrektor:* »Du denkst, ich sollte mehr tun?«

*Denise:* »Eigentlich nicht. Doch bisher habe ich jedes Mal Ärger gekriegt oder bin vom Unterricht ausgeschlossen worden, wenn ich mich geprügelt habe.«

*Schulrektor:* »Das ist neu für dich.«

*Denise:* »Das können Sie laut sagen. Aber ich finde es gut.«

*Schulrektor:* »Du bist einverstanden mit der Art und Weise, wie wir das Problem gelöst haben?«

*Denise:* »Klar.«

*Schulrektor:* »Okay, kommen wir nun zu dieser anderen Vereinbarung. Wärt ihr beide damit einverstanden, dass ihr das nächste Mal, wenn ihr den Wunsch verspürt, euch mit jemandem zu prügeln, zu mir kommt und wir erst einmal versuchen, darüber zu sprechen und das Problem gerecht zu lösen? Ist das in Ordnung?«

Beide: »Ja.«

*Schulrektor:* »Gut, dann könnt ihr wieder in den Unterricht gehen.«

Der Direktor verließ sich fast ausschließlich auf das »Aktive Zuhören«, um den Mädchen zu helfen, sich über ihre Gefühle klar zu werden, einander zu verstehen und zu einer Einigung zu kommen. Wie er berichtete, sind die Mädchen später gute Freundinnen geworden.

Es folgt ein Gedicht von einem unbekannten Autor über das Zuhören. Diese Zeilen bringen Erwartungen zum Ausdruck, die wir an Partner und Freunde stellen.

## Zuhören

Wenn ich dich bitte,
mir zuzuhören,
und du fängst an,
mir Ratschläge zu geben,
dann tust du nicht,
worum ich dich bitte.

Wenn ich dich bitte,
mir zuzuhören,
und du fängst an, mir zu erzählen,
warum ich so und nicht anders fühlen muss,
trampelst du auf meinen Gefühlen herum.

Wenn ich dich bitte,
mir zuzuhören,
und du denkst, du musst etwas tun,
um mein Problem zu lösen,
hast du mich nicht verstanden,
so merkwürdig das klingen mag.

Hör zu!
Alles, worum ich dich gebeten habe,
war zuzuhören,
nicht zu sprechen oder etwas zu tun ...
nur, mir zuzuhören.

Ich kann selbst für mich sorgen.
Ich bin nicht hilflos.
Vielleicht mutlos und unsicher,
aber nicht hilflos.

Wenn du etwas für mich tust,
was ich selbst für mich tun kann,
verschlimmerst du meine Angst
und mein Gefühl der Unzulänglichkeit.

Doch wenn du als simple Tatsache akzeptierst,
dass ich fühle, was ich fühle,
wie unvernünftig es auch immer sein mag,
brauche ich nicht mehr zu versuchen,
dich zu überzeugen,
und kann mich endlich wieder
der Frage zuwenden,
was sich hinter diesem irrationalen Gefühl verbirgt.

Wenn das klar ist,
liegen die Antworten auf der Hand,
und ich brauche keinen Rat.
Irrationale Gefühle offenbaren ihren Sinn, wenn wir
verstehen, was sich hinter ihnen verbirgt.

Vielleicht ist das der Grund,
warum Gebete wirken –
manchmal für manche Menschen ...
weil Gott stumm ist,
und keine Ratschläge erteilt oder versucht,
die Dinge in Ordnung zu bringen.
Er (oder sie) hört einfach zu
und lässt es uns selber machen.

Also hör mir bitte zu,
hör mich einfach an,
und wenn du sprechen möchtest,
warte eine Minute,
bis du dran bist ...
dann hör ich dir zu.

## Das Beziehungs-Credo – Teil 3

Wenn dein Verhalten mich in meinen Bedürfnissen einschränkt, werde ich dir offen und ehrlich sagen, was mich stört, denn ich vertraue darauf, dass du versuchen wirst, das Verhalten zu ändern, das ich nicht akzeptieren kann. Falls ich mich in einer Weise verhalte, die du nicht akzeptieren kannst, möchte ich, dass du mir offen und ehrlich sagst, was dich stört, sodass ich die Möglichkeit habe, mein Verhalten zu ändern.

# 8. KAPITEL

# So sprechen, dass mich andere verstehen können

Ein Grundpfeiler intakter Beziehungen ist Ehrlichkeit. Kürzlich fragte ich eine Gruppe von Freunden und Nachbarn, für wie ehrlich sie sich hielten. Ich sagte: »Stuft euch auf einer Skala von 1 bis 10 ein, wobei 10 heißt ›fast immer ehrlich‹ und 1 ›fast nie ehrlich‹.« Nahezu alle Teilnehmer an meiner unwissenschaftlichen Erhebung stuften sich bei 8 oder höher ein. Ich glaube, so würde sich wohl die große Mehrheit der Bevölkerung beurteilen.

Die meisten Menschen sind ehrlich, schummeln nicht bei der Einkommenssteuer, begehen keine Ladendiebstähle, halten ihre Versprechen, sind korrekt in ihren Geschäften und auch sonst vertrauenswürdig. Doch so ehrlich diese Menschen auch sind, sie gehen höchst nachlässig mit der Wahrheit um, sobald sie ärgerlich sind oder sich nicht akzeptiert fühlen. Nehmen wir beispielsweise an, meine halbwüchsige Tochter kommt nach Mitternacht – mehr als eine Stunde nach der vereinbarten Zeit – von einer Party nach Hause und sagt: »Hi, tut mir leid, dass ich zu spät komme.« Ich bin unruhig hin und her gelaufen, habe mir Sorgen gemacht und mich gefragt, was passiert sein könnte. Warum ruft sie nicht an? Hat sie einen Unfall gehabt? Was soll ich ihr sagen? Kommt Ihnen eine der folgenden Äußerungen vertraut vor?

1. Weißt du eigentlich, dass du mehr als eine Stunde zu spät kommst? Wo bist du die ganze Zeit gewesen?
2. Warum hast du nicht angerufen? Wie gedankenlos.
3. Geh sofort auf dein Zimmer. Du hast Stubenarrest.

Erkennen Sie diese Elternbotschaften wieder? Sie sollten es. Es handelt sich um Kommunikationssperren, genauer gesagt, um *verhören, beschimpfen und befehlen* ... lauter Botschaften, die die Tochter betreffen, keine über die Sorgen und Gefühle von Mutter oder Vater.

Und wer hatte in diesem Szenario ein Problem? Doch nicht die Tochter, oder? Jedenfalls nicht, bis sie es mit mir zu tun bekam, einem wütenden Vater, der das Problem hatte. Oben haben wir gesagt, dass Problembesitzer ihre Probleme selbst lösen müssen, und zur Lösung dieses Problems musste ich sprechen, was ich auch tat. Doch leider in einer Art, die geeignet ist, neue und möglicherweise schlimmere Probleme zu schaffen. Ich hätte eine andere – direktere und genauere – Ansprache verwenden sollen. Genau darum geht es in diesem Kapitel.

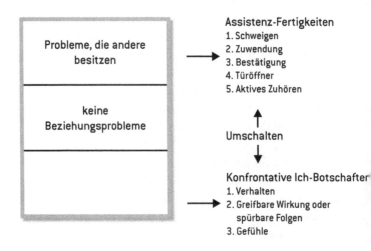

Kehren wir noch einmal zum Verhaltensfenster zurück und betrachten wir die Begriffe des Problembesitzes und des angemessenen Verhaltens. Verhaltensweisen, die ich im oberen Teil des Fensters sehe, sind akzeptabel. Gibt es Probleme, so gehören sie jemand anders. Doch Verhaltensweisen, die im unteren Teil des Fensters erscheinen, sind nicht akzeptabel für mich. Ich besitze sie und bin derjenige, der ihretwegen etwas unternehmen muss. Das mittlere Drittel ist der problemfreie Bereich, wo die Beteiligten fast alles tun können, ohne Probleme zu bekommen.

Auf der rechten Seite habe ich die situationsangemessenen Fertigkeiten notiert. Assistenz-Fertigkeiten für das obere Drittel und konfrontative Fertigkeiten für das untere Drittel.

»Das hilft uns«, hat man uns gesagt. »Je nachdem, was passiert und wie ich mich dabei fühle, weiß ich, wie ich zu reagieren habe. Wenn ein Kollege einen schlechten Tag hat, gehört das in den oberen Teil meines Fensters. Der Kollege »besitzt« seinen schlechten Tag. Dann bin ich am nützlichsten, wenn ich zuhöre. Doch wenn er sich auf meinen reservierten Parkplatz stellt, muss ich umherfahren und nach einem anderen Platz suchen, mit dem Ergebnis, dass ich wahrscheinlich zu spät komme. Das ist nicht okay. Das gehört in das Ich-besitze-Feld. Dann höre ich nicht zu, sondern rede selbst. Ich konfrontiere ihn, weil er sich auf meinen Parkplatz gestellt hat.«

## Konfrontation

Theoretisch ist die Konfrontation einfach. In der Praxis sieht es etwas anders aus. Um wirklich erfolgreich zu sein, müssen der Inhalt der konfrontativen Botschaft und ihre besondere Sprache vier Kriterien erfüllen.

1. Zunächst einmal muss sehr wahrscheinlich sein, dass die Botschaft eine hilfreiche Veränderung hervorruft.
2. Sie darf die Selbstachtung des anderen nicht beeinträchtigen.
3. Sie darf die Beziehung nicht beschädigen.
4. Sie muss die Lösung – also wie das Problem zu bewältigen ist – offen lassen.

Ich kenne nur eine einzige Art zu sprechen, die diese Kriterien erfüllt, und sie setzt voraus, dass wir von der kulturellen Norm der gängelnden, vorwurfsvollen, kritisierenden Du- oder Sie-Sprache auf eine ganz andere Redeweise umschalten.

Wie ich, als ich meine »saumselige Tochter« zur Rede stellte, spricht fast jeder in nichtakzeptabler Form, indem er die »ungehörige« Person anspricht. Er sagt Dinge wie

- Du bist unverschämt.
- Hör damit auf (das »du« ist impliziert).
- Du nimmst keine Rücksicht auf mich.
- Du wirst es nie zu etwas bringen.
- Du bist gedankenlos.
- … und so weiter und so weiter.

Solche Botschaften sind besonders kränkend, weil sie sich gegen den Menschen richten, gegen seine Motive oder seinen Charakter, nicht gegen das, was er getan oder gesagt hat, also das unerwünschte Verhalten.

## Ein Wechsel des Personalpronomens

So trivial es auch erscheinen mag, eine Veränderung der Anrede, der Perspektive – vor allem bei Menschen, mit denen Sie Schwierigkeiten haben –, kann Ihre Beziehungen erheblich verbessern. Der Anfang ist einfach: Ersetzen Sie die Du-Botschaften über den anderen durch die Besitz-Sprache. Sprechen Sie in der ersten Person, also über sich selbst. Verwenden Sie das Pronomen »Ich«.

Einige der wichtigsten Äußerungen unseres Lebens beginnen mit »ich«. So der schlichte Aussagesatz *Ich liebe dich*, der uns bekanntlich Tränen in die Augen treiben kann … ganz im Gegensatz zu der wertenden Du-Botschaft »Du bist liebenswert«, die in der Regel keinen besonderen Eindruck hinterlässt.

Wenn ich möchte, dass andere Menschen mich verstehen, muss ich über mich selbst sprechen. Ich möchte, ich denke, ich fühle, ich weiß und so fort. Was könnte einfacher sein?

Schlichte Ich-Aussagesätze sind ein guter Anfang, doch sie werden kaum genügen, um nichtakzeptable Verhaltensweisen zu konfrontieren. Dazu brauche ich zwei- oder dreiteilige Botschaften.

Erstens muss ich dem anderen genau mitteilen, durch welche Handlungen oder Äußerungen er mir Probleme verursacht, sonst weiß er nicht, worüber ich spreche. Zweitens muss ich ihm sagen, was mich an seinen Handlungen oder Äußerungen stört, und drittens muss er wissen, was ich dabei empfinde. Damit haben wir drei Teile:

1. eine neutrale, vorwurfsfreie Beschreibung;
2. die greifbaren, konkreten Folgen des Verhaltens für mich (die großen Drei: Zeit, Geld, Mühe);
3. meine Empfindungen angesichts der misslichen Situation.

Wohlgemerkt, ich habe von einer *neutralen* Beschreibung des nichtakzeptablen Verhaltens gesprochen. Ich muss Verallgemeinerungen wie *immer* oder *nie* vermeiden und mich vor emotional besetzten Wörtern und Wendungen hüten. Bei der Konfrontation geht es mir darum, das Verhalten des anderen zu verändern, nicht darum, zu schulmeistern oder zu bestrafen.

Nehmen wir das Parkplatzproblem. Eine Konfrontation könnte so aussehen: *Wenn mein reservierter Parkplatz besetzt ist* (die neutrale Beschreibung des nichtakzeptablen Verhaltens), *muss ich umherfahren und nach einem anderen suchen. Dann muss ich ein paar Straßen zu Fuß gehen, sodass ich zu spät komme* (greifbare Wirkung) *und verärgert bin* (Empfindung).

Wenn Sie mir das sagen würden (und ich mich tatsächlich auf Ihren Parkplatz gestellt hätte), würde ich mich wahrscheinlich entschuldigen, vielleicht auch erklären, warum ich es getan hätte, und Ihnen versprechen, dass es nicht wieder vorkäme.

Es gibt einige Gründe, warum viele Menschen Konfrontationen scheuen. Zunächst einmal haben fast alle schon einmal schlechte Erfahrungen als Sender oder Empfänger konfrontativer Botschaften gemacht ... was kein Wunder ist. Schließlich ist die Standardkonfrontation die Du-Botschaft, und die kann kränken, Beziehungen beschädigen, schrecklich ungenau sein und Menschen entzweien.

Viele trauen anderen nicht die seelische Stärke zu, mit Konfrontationen angemessen umzugehen. Nach meinen Erfahrungen trifft das auf Ich-Botschaften nicht zu. Kränkend ist die Du-Sprache. Andere meiden Konfrontationen, weil sie befürchten, man würde sie ihnen übelnehmen. Auch diese Annahme erklärt sich aus früheren Erfahrungen mit feindseligen Du-Botschaften. Glauben Sie mir: Ich-Botschaften lösen ganz andere Reaktionen aus.

Immer wieder berichten mir Menschen, dass zweierlei geschieht, wenn sie auf offene und ehrliche Ich-Botschaften umschalten. Erstens, die Angesprochenen ändern ihr nichtakzeptables Verhalten häufig *einfach so*. Zweitens, da es in den Botschaften um die Sprecher, nicht um die konfrontierten Personen geht, ist die Gefahr, Gefühle zu verletzen oder Verärgerung hervorzurufen, viel geringer.

## Bleiben Sie auf dem Laufenden

Manche Menschen, die den Umgang mit offenen Ich-Botschaften gelernt haben, beschließen, reinen Tisch zu machen, wie es eine Frau einmal ausdrückte. Sie stellen Listen mit Leuten zusammen, die sie konfrontieren möchten, wobei sie häufig alte Wunden aufreißen, an die sie besser nicht gerührt hätten. Ein häufiges Verhaltensmuster – man frisst alle Einwände stumm in sich hinein, bis man es nicht mehr aushält und den anderen plötzlich mit Vorwürfen überschüttet, was den anderen fast immer überfordert.

Daher ist es besser, auf dem Laufenden zu bleiben. Sprechen Sie die Dinge an, wie sie kommen. Geben Sie den Menschen die Möglichkeit, ihre unannehmbaren Verhaltensweisen zu ändern, denn Sie achten sie doch und legen Wert auf die Beziehung zu ihnen. Dann gibt es keine alten Rechnungen zu begleichen. Die Vergangenheit lässt sich sowieso nicht ändern. Das kann niemand. Vergessen Sie es.

## Verhalten

Ich habe mich mittlerweile daran gewöhnt, dass Teilnehmer, die ich auffordere, das Verhalten eines anderen zu beschreiben, mit einer Reihe von Wertungen und Interpretationen aufwarten. Verhaltensweisen lassen sich *beobachten*. Sie sind *quantifizierbare* Phänomene, auf die sich unabhängige Beobachter *einigen* können. Eine Videokamera zeichnet Verhaltensweisen auf, beurteilt sie aber nicht. Verhaltensweisen sind das, was Menschen tun und sagen.

Wenn Sie also das Verhalten von anderen beschreiben, sollten Sie Annahmen, Schlussfolgerungen und Urteile vermeiden. Fähigkeiten sind keine Verhaltensweisen, ebenso wenig wie Unverschämtheit, Nervosität, schlechte Laune, Großzügigkeit, Bescheidenheit, Intelligenz und Hunderte anderer Eigenschaften, die oft fälschlicherweise in dieselbe Schublade wie Verhaltensweisen gesteckt werden.

Wenn ich jemanden konfrontiere, bin ich bemüht, einer Videokamera nachzueifern: nicht zu urteilen, sondern das beanstandete Verhalten so neutral wie möglich zu beschreiben, indem ich mich auf das beschränke, was ich sehen und hören kann. Beispielsweise kann jemand ziemlich leicht damit aufhören zu schreien, während es für ihn fast unmöglich ist, damit aufzuhören, rücksichtslos zu sein. Sage ich also »Wenn du so laut schreist, kann ich mich nicht konzentrieren«, wird die lärmende Person weit eher mit dem Schreien aufhören, als wenn ich sage »Du bist unhöflich und rücksichtslos« und ihn raten lasse, was an seinem Verhalten denn unhöflich und rücksichtslos ist.

Nach meiner Erfahrung wehren sich Menschen in der Regel gegen Annahmen, Schlussfolgerungen, Urteile und Interpretationen. Möchten Sie einen Streit vom Zaun brechen, gibt es nichts Geeigneteres als Annahmen, Schlussfolgerungen, Urteile und Ähnliches zu äußern. Doch wenn Sie das Verhalten des anderen ändern wollen, müssen Sie über das *Verhalten* sprechen, also über das, was der andere tut oder sagt.

## Ärger

Wenn ich genügend Zeit habe, schreibe ich meine dreiteiligen Konfrontationsbotschaften gerne auf, bevor ich sie übermittle. So kann ich sie überarbeiten, präziser formulieren und ihnen den letzten Schliff geben, damit sie genau das zum Ausdruck bringen, was ich sagen möchte. Ich möchte Ihnen diese Art der Vorbereitung ans Herz legen, besonders, wenn Sie den Umgang mit Ich-Botschaften noch lernen.

Einige Kursteilnehmer, die sich auf diese Art vorbereiteten, merkten, dass viele ihrer Botschaften mit *Ich bin ärgerlich* endeten, und sie fragten sich, ob das in Ordnung sei, ob mit ihnen alles in Ordnung sei oder ob sie lieber gleich sagen sollten *Ich ärgere mich über fast alles*. Diese Teilnehmer hatten entdeckt, dass der Ärger ein besonderer Fall ist.

Vorab: Ärger ist in manchen Situationen eine vollkommen normale Reaktion, daher lautet die Antwort auf die Frage, ob es in Ordnung sei, ja. Es ist in Ordnung, ärgerlich zu sein, und es ist in Ordnung, Ich-Äußerungen mit der Feststellung zu beenden, man sei ärgerlich. Doch wenn Sie *häufig* ärgerlich sind, sollten Sie Folgendes bedenken:

Ärger ist keine primäre Emotion, sondern eine sekundäre, und entsteht erst durch die Interpretation unseres Verstandes. Niemand wird sofort ärgerlich, irgendeine andere Emotion ist zuvor da. Stellen Sie sich beispielsweise vor, ich fahre an eine Mautschranke, da drängelt sich ein anderer Fahrer so an mir vorbei, dass er fast einen Unfall verursacht. Was wäre in diesem Fall meine primäre Emotion, welche käme zuerst?

Wie wäre es mit Furcht? Ich würde doch einen Heidenschreck bekommen. Ich hätte umkommen können! *Erst dann werde ich wütend.*

Wenn Sie zu den Menschen gehören, die häufig Ärger empfinden, fragen Sie sich das nächste Mal beim emotionalen Teil einer Ich-Botschaft: *Was war, bevor ich ärgerlich wurde? War ich verlegen? Erschreckt, enttäuscht, verletzt?* Wenn Sie ein primäres Gefühl erkennen können, senden Sie das anstelle des Ärgers, weil konfrontierte Menschen schlecht mit Ärger umgehen können. Auch wenn Sie es nicht so meinen, Ärger wird im Allgemeinen als feindselige, vorwurfsvolle, kritische Du-Botschaft gedeutet, und Menschen neigen dazu, defensiv zu reagieren, wenn sie sich angegriffen fühlen.

## Ungeeignete Botschaften

Oben haben wir gesagt, dass sich Menschen, wenn sie mit dreiteiligen Ich-Botschaften konfrontiert werden statt mit Du-Botschaften, häufig *einfach so* ändern! Allerdings nicht immer, und dafür kann es einige gute Gründe geben. Erstens besteht die Möglichkeit, dass sie nicht verstehen, wie sich ihr Verhalten konkret auf mich auswirkt, oder dass sie es nicht glauben. Vielleicht meinen sie, ich würde sie auf den Arm nehmen. Zweitens könnte das beanstandete Verhalten für sie ein Bedürfnis befriedigen, das ihnen wichtiger ist als meine Belange, weshalb sie sich weigern, ihr Verhalten zu ändern. Drittens besteht die Möglichkeit, dass meine Botschaft unangemessen ist, sodass sie nicht meinen wirklichen Gefühlen entspricht. Das ist der Fall, wenn ich »nett« sein möchte und eine abgemilderte Botschaft sende, obwohl meine Körpersprache verrät: *Ich bin tierisch wütend!* Es kann sich auch umgekehrt verhalten – etwa wenn ich laute, ärgerlich klingende Botschaften über geringfügige Ereignisse sende, weil ich hoffe, die Heftigkeit meiner Gefühle werde den anderen veranlassen, sich augenblicklich zu ändern oder um ihm »eine Lektion zu erteilen«. Solche »Kriegslisten« werden im Allgemeinen durchschaut und sind schon von daher ungeeignet, Veränderungen zu bewirken. Der vierte Grund, warum sich der andere nicht ändert, könnte darin liegen, dass ich eine miserable Botschaft gesendet habe, in der ein Teil fehlt oder ein Vorwurf, Kritik beziehungsweise andere Kommunikationssperren enthalten sind. Der häufigste Fehler solcher Botschaften besteht darin, dass sie dem anderen mitteilen, was er zu tun hat; zum Beispiel: »Wenn du die Tür offen lässt, wird es kalt im Zimmer, *also mach sie zu!*« Lösungs-Botschaften nehmen dem anderen die Möglichkeit, Ihnen etwas zu schenken, nämlich sein Verhalten zu ändern. Manchmal ist das alles, was er Ihnen geben kann. Lassen Sie ihm diese Freude.

## Mit Widerstand umgehen

Aus Gründen, die uns nicht ganz klar sind, glauben einige Menschen, Ich-Botschaften müssten immer funktionieren, müssten ausnahmslos die konfrontierte Person dazu veranlassen, nicht akzeptable Verhaltensweisen zu ändern. Das ist ein Missverständnis. Ich-Botschaften sind keine Zaubersprüche, sie sind einfach das beste mir bekannte Mittel, jemanden darüber zu informieren, dass sein Verhalten ein Problem hervorruft. Es verringert die Wahrscheinlichkeit, dass der andere sich missverstanden, schuldig und herabgesetzt fühlt und deshalb grollt. Doch Ich-Botschaften sind keine Garantie dafür, dass jemand sein Verhalten auf der Stelle und bereitwillig ändert, um meinen Bedürfnissen Rechnung zu tragen. Menschliche Beziehungen sind nicht so einfach und menschliches Verhalten nicht leicht vorhersehbar.

Die Mitteilung, das eigene Verhalten sei nicht akzeptabel, kann ziemlich unerfreulich sein. Selbst die beste Konfrontations-Botschaft der Welt kann den Adressaten auf die Palme bringen. Die Gefühle geraten in Wallung und die Wahrscheinlichkeit einer Verhaltensänderung nimmt ab.

In diesem Fall muss ich einen schwierigen Wechsel meiner Haltung vornehmen – es darf mir nicht mehr darum gehen, mir selbst zu helfen, indem ich den anderen konfrontiere, sondern darum, dem anderen zu helfen, mit der Konfrontation umzugehen. Nehmen wir an, ein Freund leiht sich ein paar Werkzeuge von mir, um eine Reparatur vorzunehmen. Er verspricht mir, die Sachen nach zwei, drei Tagen zurückzugeben, doch eine Woche vergeht und ich brauche das eine oder andere Werkzeug selbst. Also beschließe ich, mit meinem Freund zu reden und ihm beispielsweise zu sagen: »Du hast mir meine Werkzeuge nicht zurückgegeben, und jetzt brauche ich einige davon. Ich bin etwas befremdet.«

Er sagt: »Ich dachte, es eilt nicht so sehr, aber wenn du dich so aufregst, hol ich sie dir auf der Stelle.«

Und nun? Schauen wir uns im Verhaltensfenster an, was geschehen ist.

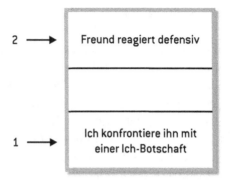

| 2 ⟶ | Freund reagiert defensiv |
| | |
| 1 ⟶ | Ich konfrontiere ihn mit einer Ich-Botschaft |

Das nichtakzeptable Verhalten – das Werkzeug wird nicht zurückgegeben – befindet sich im unteren Ich-besitze-Abschnitt des Fensters. Die defensive Reaktion auf meine Konfrontation liegt im oberen Teil des Der-andere-besitzt-Abschnitts. Dann wird meine konfrontative Botschaft zum Problem für meinen Freund. Wenn ich Hilfe von ihm will, muss ich mich zunächst um ihn kümmern, indem ich empathisch zuhöre, bis sich seine emotionale Temperatur etwas abgekühlt hat. Wir nennen das umschalten. Wenn es mir schwerfällt, von Konfrontation auf Zuhören umzuschalten, gehöre ich zur großen Mehrheit derer, denen es genauso geht. Doch mag es auch noch so schwer sein, es führt kein Weg daran vorbei: Wenn ich Hilfe haben will, muss ich auch bereit sein, Hilfe zu leisten.

Schauen wir, wie unsere Geschichte weitergeht. Ich bemerke, dass mein Nachbar über meine Äußerung verärgert ist, und sage, auf Zuhören umschaltend: »Du denkst, ich bin ungeduldig, und nimmst mir das übel.«

»Na ja«, sagt er, »ich wollte dir dein Zeug gerade bringen, aber nun fühle ich mich gedrängt, als hätte es überhaupt keine Zeit mehr.«

(Zuhören) »Du hast das Gefühl, ich zwinge dich zu etwas, was du sowieso tun wolltest.« »Genau.«

(Konfrontation) »Erst als ich eine kaputte Rohrleitung reparieren wollte, habe ich die Sachen gebraucht, die ich dir geliehen habe. Und da habe ich mich gewundert, dass du sie mir noch nicht zurückgegeben hattest.«

»Na ja, um ehrlich zu sein, ich hab die letzten Tage so viel um die Ohren gehabt, dass es mir glatt entfallen ist.«

(Zuhören) »Das verstehe ich. Wenn man so viel zu tun hat, kann das leicht passieren.«

»Okay! Ich geh sie holen. In zehn Minuten hast du sie.«

»Danke.«

Im Diagramm könnte die Unterhaltung über das geborgte Werkzeug folgendermaßen aussehen:

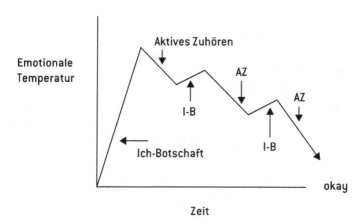

Am Ende eines solchen Prozesses steht entweder eine Verhaltensänderung – so wie im Fall des Werkzeugproblems –, oder Sie entdecken, dass Sie sich in einem Konflikt befinden und neue Fertigkeiten benötigen. Dazu kommen wir später.

## Lob

Wenn ich in mich hineinblicke, wenn ich meine momentanen Gedanken und Gefühle, meine Abneigungen und Vorurteile, Ängste und Freuden entdecke, dann kann ich sie, wenn ich möchte, anderen mitteilen – egal, ob sie positiv oder negativ sind. Wenn ich über mich spreche, über den einzigen Menschen, zu dem ich wirklich Zugang habe, entsteht ein Klima der Sicherheit, das fehlt, wenn ich über jemand anderen spreche. Die Ich-Sprache entwickelt eine besondere Kraft. Wenn ich meine Gedanken und Gefühle besitze, kann ich unbedenklich positive, vorbeugende und nicht nur konfrontative Botschaften senden. Durch positive Ich-Botschaften lassen sich die wertenden, häufig manipulativen Du-Botschaften ersetzen, die wir Lob nennen.

Das Loben ist so fest verankert in uns, im sozialen Geschehen, dass wir selten, wenn überhaupt, seine Nachteile bedenken. Doch wie alle Kommunikationssperren birgt es Risiken. Irrtümlicherweise meinen viele, jeder sei jederzeit für Lob empfänglich. Keineswegs. Oft fühlen wir uns unbehaglich oder verlegen, wenn man uns lobt. Haben Sie einmal auf die Körpersprache von Menschen geachtet, die gelobt werden? Sie werden rot, schauen betreten zu Boden, treten von einem Fuß auf den anderen oder winden sich. Oft wehren sie das Lob ab oder relativieren es. Manchmal begegnen sie dem Lobenden mit Misstrauen und stellen seine Motive in Frage. Was will er von mir? Was bezweckt er? Was soll diese Lobhudelei?

Lob ist ein Urteil (du hast gute Arbeit geleistet etc.), der Akt des Urteilens unterstellt Sachverstand und Überlegenheit beim Urteilenden. Folglich impliziert Lob eine Ungleichheit zwischen dem, der urteilt, und dem, der beurteilt wird.

Wenn mir Lob nicht dazu dienen soll, andere zu manipulieren oder zu beeinflussen, soll es eine positive Rückmeldung geben, soll es angesichts positiver Verhaltensweisen Freude, Erleichterung, Glück und viele andere freundliche Gefühle zum Ausdruck bringen, was sich auch ohne die Risiken des Lobs bewerkstelligen lässt, indem ich positive Ich-Botschaften sende – »Ich mag es, wenn ...« oder »Mir gefällt es«.

## Vorbeugende Botschaften

Wäre es nicht wunderbar, wenn Sie Ärgernisse und Probleme schon im Entstehen verhindern könnten? Manchmal ist das durchaus möglich. Ein Lehrer, der an einem unserer Trainingsprogramme für Erzieher teilgenommen hatte, schickte uns folgendes Beispiel für eine vorbeugende Ich-Botschaft:

»Als ich neulich in die Schule kam, fand ich in meiner Mailbox eine Nachricht von der Schulleiterin, in der es hieß, es sei wieder eine Schülerversammlung anberaumt, und sie erwarte, dass ich meine Klasse ›besser im Griff‹ habe. Ich unterrichte eine sechste Klasse, die eigentlich nichts gegen Schülerversammlungen hat, sind sie doch eine willkommene Abwechslung, allerdings reißen einen die Vorträge manchmal nicht gerade vom Hocker. Neulich, bei einer besonders langweiligen Veranstaltung, war meine Klasse ›eine Schande für die ganze Schule‹, um die Chefin zu zitieren. Ich beschloss, es mit einer vorbeugenden Ich-Botschaft zu versuchen. Also erklärte ich der Klasse: ›Wir haben heute wieder eine Schülerversammlung, und ich habe ein bisschen Angst vor dem, was kommen könnte. Heute habe ich eine Nachricht von der Direktorin bekommen, darin droht sie mit Konsequenzen für den Fall, dass ihr wieder rumschreit und mit Sachen schmeißt. Ich weiß nicht genau, was sie mit mir vorhat, möchte es aber, ehrlich gesagt, auch nicht herausfinden. Ich muss sie mir, weiß Gott, nicht zur Feindin machen.‹

Die Kinder saßen da und starrten mich verdutzt an. Schließlich sagte eines: ›Keine Sorge, das kriegen wir schon hin.‹ Alle nickten, und während der Versammlung verblüfften sie alle Welt damit, dass sie die ruhigste und wohlerzogenste Gruppe in der ganzen Aula waren. Natürlich glaubte die Schulleiterin, dieser erstaunliche Wandel sei ihr Verdienst – ich aber wusste, dass es meiner vorbeugenden Ich-Botschaft zu verdanken war.«

## Erstaunliche Belohnungen

Wenn Sie jemandem zuhören, der ärgerlich ist oder einen schlechten Tag hat, wird sich Ihre Beziehung zu ihm verändern. Die Art von Empathie und Akzeptanz, die genaues Zuhören verlangt, führt Menschen näher zusammen, hebt Kommunikationssperren auf. Nur im Zusammenleben mit anderen können wir unsere menschliche Natur wirklich entfalten. Deshalb suchen wir bei Schicksalsschlägen oder Tragödien wie etwa einem *school shooting* die Nähe anderer Menschen. Von allen Fernsehbildern eines solchen Ereignisses ist mir das einer kleinen Gruppe von Kindern, die sich unter dem Eindruck von Schock und Entsetzen ganz eng zusammendrängten, am nachdrücklichsten im Gedächtnis geblieben. Sie brauchten einander. Wir brauchen einander. Wir brauchen Mitgefühl und Zuwendung. Wir brauchen Freunde, die uns verstehen. Wir brauchen Kollegen, die uns zuhören, wenn das Leben schwierig wird, wir brauchen Ehepartner und andere Familienangehörige, die uns akzeptieren, wie wir sind, die uns nicht erzählen, wie wir bessere Menschen werden können oder was wir tun müssen, um dem Bild zu gleichen, das sie von uns haben.

Haben Sie Zeit, Energie und den Wunsch, sich anderen zuzuwenden, die in Schwierigkeiten stecken – vor allem, wenn es sich um Menschen handelt, die Ihnen am Herzen liegen –, dann müssen Sie einfach zuhören. Nur zuhören.

Durch Zuhören können Sie anderen Menschen viel von ihren Kümmernissen und Belastungen nehmen, was den Anteil der problemfreien Zeit in Ihrer Beziehung deutlich erhöht. Wenn Sie in Fällen, in denen Sie ärgerlich sind, von der Du-Sprache auf die Ich-Sprache umschalten, erreichen Sie damit zweierlei: Erstens können Sie negative Gefühle zum Ausdruck bringen, ohne die Situation negativ zu beeinflussen. Zweitens werden die Menschen weit eher bereit sein, Verhaltensweisen zu ändern, die ein

Problem für Sie sind. Tatsächlich haben uns viele hundert Absolventen unserer Trainingsprogramme verblüfft berichtet, wie bereitwillig Menschen störende Verhaltensweisen ablegten, als sie sich mit Ich-Botschaften an sie wandten.

Wie das »Aktive Zuhören« stärkt die »Besitz-Sprache« unsere Beziehungen. Sie signalisiert Achtung und Ehrlichkeit, zwei Werte, die in unserer Gesellschaft hoch im Kurs stehen. Im Lauf der Zeit werden die Kommunikationsprozesse des »Aktiven Zuhörens« und der »Ich-Sprache« die meisten, wenn nicht alle Beziehungsschwierigkeiten beseitigen, die durch die zwölf Kommunikationssperren hervorgerufen worden sind.

Was bleibt, sind Bedürfniskonflikte – die Probleme, die in allen Beziehungen auftreten, wenn einer von uns durch Befriedigung seiner Bedürfnisse den anderen daran hindert, für die eigenen Bedürfnisse zu sorgen. Im nächsten Kapitel werde ich erklären, wie Sie in diesen Situationen gewinnen können, ohne dass der andere verliert.

### Das Beziehungs-Credo – Teil 4

Wenn Konflikte bestehen, wollen wir versuchen sie beizulegen, ohne dass einer versucht, sie auf Kosten des anderen zu lösen. Das Recht auf die Befriedigung der eigenen Bedürfnisse gestehe ich dir ebenso zu wie mir. Deshalb wollen wir immer nach Lösungen suchen, die für uns beide akzeptabel sind. Keiner wird verlieren, sondern beide werden wir gewinnen.

# 9. KAPITEL

# Konfliktlösungen ohne Verlierer

Gute Kommunikation führt unter anderem zu der Entdeckung, dass Konflikte, egal wie offen und ehrlich die Beziehung ist, unvermeidlich sind. Ich sage unseren Teilnehmern: »Ihr könnt noch so liebevoll, fürsorglich bemüht sein, in einer noch so wunderbaren Beziehung leben, ihr werdet trotzdem Konflikte haben.« Viele Menschen trifft das hart. Verständlich, wenn man bedenkt, wie lang, blutig und unrühmlich die Geschichte des Konflikts ist. Im Lexikon heißt es: *Aufeinanderprallen widerstreitender Auffassungen, mit kriegerischen Mitteln ausgetragene Auseinandersetzung, Zwiespalt, Widerstreit aufgrund innerer Probleme.* Die Aufzählung geht noch weiter, und der Rest ist genauso unerfreulich.

Schauen Sie sich die Abendnachrichten an, wenn Sie die Lexikondefinitionen mit Leben erfüllen möchten. Da finden Sie reichlich kriegerische Auseinandersetzungen, Zwiespalt, Widerstreit. In Afrika, im Nahen und Mittleren Osten. Im Parlament. In Fernsehserien.

In *Fernsehserien?*

O ja. Es gibt eine Menge Konflikte auf dem Bildschirm. Muss das sein? Nun, in den *Daily Soaps* ganz bestimmt. Würden beispielsweise die Akteure in *Gute Zeiten, Schlechte Zeiten* Ich-Botschaften verwenden, einander urteilsfrei zuhören und sich an die in diesem Kapitel beschriebenen Verfahren halten, wären ihre Konflikte bald gelöst und die Serie zu Ende. Denn die Zuschauer lieben dramatische Verwicklungen in Fernsehserien – Streit, Hass, Verrat und Konflikt. Doch als Vorbilder für intakte Beziehungen sind sie denkbar ungeeignet.

Es gibt viele *gute* Beziehungsmodelle, doch die kommen gewöhnlich nicht ins Fernsehen. Ihre Merkmale sind Ehrlichkeit, Offenheit, Zuwendung, Mitgefühl und Demokratie.

Nur zögernd verwende ich das Wort Demokratie. Jahrelang haben wir nach einem besseren Wort gesucht, einem Wort, das die Eigenschaften wiedergibt, die wir mit intakten Beziehungen verbinden. Wahrscheinlich trifft *Demokratie* die Sache, doch fast jeder denkt bei dem Wort an Wahlen, Politik und Regierungen; das meinen wir natürlich nicht, sondern eine *zwischenmenschliche* Demokratie, die Gerechtigkeit, Gleichheit und Gegenseitigkeit verwirklicht, also das genaue Gegenteil von autokratischen, hierarchischen Beziehungen, die nicht nur für Diktaturen charakteristisch sind, sondern auch für viele Organisationen und Familien.

Wenn ich von »Demokratie« und »demokratischen Methoden« rede, meine ich also eine Beziehung, die fair und für beide Seiten befriedigend ist, vor allem auch dann, wenn wir nicht einer Meinung sind.

Definieren wir Konflikte als Kämpfe, bekommen wir Schwierigkeiten. Kämpfe sind Nullsummenspiele, das heißt, zu jedem Gewinner muss es einen Verlierer geben. Solche Spiele können nur gewonnen oder verloren werden oder unentschieden enden. Alle unsere populären Sportarten sind Nullsummenspiele, und genauso gehen viele Menschen mit ihren Konflikten um. Sie veranstalten Nullsummmenspiele, gewinnen ein paar, verlieren ein paar und verwenden viel Zeit und Energie darauf, Strategien zu entwickeln, um die Häufigkeit von Niederlagen zu minimieren und die von Siegen zu maximieren. Doch wenn wir Konflikte als Probleme definieren, ist unsere Ausgangslage viel besser: Probleme lassen sich lösen, jeder kann seine Bedürfnisse befriedigen und alle können gewinnen.

## Probleme lösen

Anfang des 20. Jahrhunderts untersuchte der namhafte Philosoph und Pädagoge John Dewey, wie Probleme gelöst werden. Dazu beobachtete er, wie die Menschen sie im Allgemeinen angingen. Ihm fiel auf, dass sie unabhängig von der Art des Problems immer die gleiche Lösungsstrategie verwendeten. Zuerst dachten sie über mögliche Lösungen nach. Dann bewerteten sie die potenziellen Lösungen, entschieden sich für eine und probierten sie aus. Wenn sie sich bewährte, hatten sie das Problem gelöst. Wenn nicht, kehrten sie zum Ausgangspunkt zurück und versuchten es mit einer anderen Lösung. Dewey glaubte, der Prozess sei naturgegeben, das heißt, er brauche nicht gelernt zu werden oder werde zumindest so früh im Leben gelernt, dass er naturgegeben erscheine.

Wenn wir die Konflikte in unseren zahlreichen Beziehungen als Probleme definieren, können wir eine Spielart dieses naturgegebenen Problemlösungsprozesses nutzen, um kreative Lösungen zu finden, die die Bedürfnisse aller Beteiligten befriedigen. Auf diese Weise wird niemand zum Verlierer. Es handelt sich also um eine Keiner-verliert-Methode.

Seit vielen Jahren schlage ich eine bestimmte Form des Dewey'schen Problemlösungsprozesses vor, weil er mir als die beste Strategie zur Konfliktlösung erscheint. Er umfasst sechs Schritte, die, wie mir viele Menschen gesagt haben, häufig in der einen oder anderen Form verwendet werden.

---

Ich möchte den Konflikt umwandeln, statt ihn zu unterdrücken oder mit Gewalt auszutragen.

Mahatma Gandhi

---

## Die Keiner-verliert-Methode

Wenn ich mich in einem Konflikt befinde und diese Methode verwende, brauchen Menschen, die nicht mit ihr vertraut sind, eine Erklärung, eine Art Produktinformation, die folgendermaßen lauten könnte: »Es gibt drei Möglichkeiten, das Problem zu lösen, das wir miteinander haben. Eine Möglichkeit wäre, dass ich mir eine Lösung ausdenke und versuche, sie dir aufzuzwingen, ob sie dir gefällt oder nicht. Oder du versuchst, mir deine Lösung aufzuzwingen. So oder so wird einer von uns beiden einem Zwang unterworfen. Ich kann auch sagen: ›Okay, ich will keine große Geschichte daraus machen‹, und hoffen, dass sich das Problem von selbst erledigt.

Ich kann dich nicht wirklich dazu bringen, an meinen Vorstellungen Gefallen zu finden, so wenig wie du mir deine Vorstellungen schmackhaft machen kannst. Ich glaube auch nicht, dass sich das Problem erledigt, wenn wir es ignorieren. Daher möchte ich etwas ganz anderes probieren, etwas, bei dem wir beide gewinnen. Möchtest du mehr darüber hören?« Wenn die Antwort »Ja« lautet, können Sie mit Schritt eins beginnen.

**Schritt eins:** *Definieren Sie das Problem, indem Sie unbefriedigte Bedürfnisse formulieren.* Das ist eine radikale Abkehr von der Art, wie die meisten Menschen mit Konflikten umgehen. In der Regel begreifen sie mögliche Ergebnisse in den Kategorien von gewinnen oder verlieren, von Nullsummenspielen, von entweder/oder. Nehmen wir beispielsweise an, es geht in dem Konflikt um ein Auto. Sie brauchen es, um einen Abendkurs zu besuchen. Ihr Partner benötigt es für ein geschäftliches Treffen. Entweder Sie bekommen das Auto oder Ihr Partner, richtig? Viele von uns, wenn nicht die meisten, sehen das als konkurrierende Lösungen. Entweder/oder, gewinnen/verlieren, *Wer ist der Chef?*

In Wirklichkeit *braucht* keiner von Ihnen das Auto in jedem Fall. Das Auto ist *eine* Lösung. Es kann Bedürfnisse befriedigen. Sie müssen zu dem Kurs kommen, richtig? Und Ihr Partner zu seiner geschäftlichen Verabredung. So betrachtet, gibt es vielleicht fünfzehn bis zwanzig Möglichkeiten, diesen Bedürfnissen Rechnung zu tragen. In einigen Fällen kann das Auto sogar in der Garage bleiben.

In den 50er Jahren interessierte sich der junge Psychologe Abraham Maslow nicht für die pathologischen Spielarten menschlichen Verhaltens, sondern dafür, wie Menschen sich gesund und produktiv entwickeln. Aus diesem Grund beschäftigte er sich mit erfolgreichen Persönlichkeiten wie Ruth Benedict, Albert Schweitzer, Eleanor Roosevelt, Winston Churchill und anderen, die offenbar ein äußerst erfülltes Leben führten. Wie er feststellte, wiesen sie in vielen Punkten große Ähnlichkeiten auf. Erstens brauchten sie sich keine Sorge um ihr physisches Überleben, die Fortdauer ihrer Existenz, zu machen. Zweitens hatten sie zahlreiche Freunde und liebevolle Beziehungen, die ihnen Halt gaben. Drittens fanden sie Zufriedenheit und Erfüllung in ihrem Beruf, der ihnen häufige »Gipfelerlebnisse« ermöglichte, Glanzleistungen, die über das Normalmaß hinausgingen.

Daraus schloss Maslow, dass alle seine Versuchspersonen die gleichen Bedürfnisse hatten. Und nicht nur die, sondern alle Menschen. Diese Bedürfnisse ordnete er zu einer Hierarchie an, wobei das Überleben (Nahrung, Atmung, Kleidung, Wohnraum usw.) die primäre Ebene bildete, gefolgt vom Bedürfnis nach Sicherheit – dem Wissen, dass die eigene Existenz über die Unmittelbarkeit des bloßen Überlebens hinausreicht. Wenn die Bedürfnisse dieser beiden untersten Ebenen befriedigt sind, tritt, so Maslow, das Bedürfnis nach Beziehungen und Zugehörigkeit in das Bewusstsein des Menschen. Er nannte sie soziale, familiäre Bedürfnisse. Wenn Menschen gute Beziehungen führen, Liebe schenken und empfangen können, fähig sind, in Gruppen zu arbeiten und zu spielen, melden sich Bedürfnisse einer vierten Art, die wir alle verspüren, nämlich das Bedürfnis, uns zu unterscheiden, einen wichtigen Beitrag zu leisten, uns über unsere Leistung zu definieren. An der Spitze der Pyramide befindet sich, was Maslow als Selbstverwirklichung bezeichnete, das Bestreben des Menschen, die eigenen Fähigkeiten richtig zu entfalten, seinen Ehrgeiz zu befriedigen, die einzigartige Person zu werden, die er ist, und so fort.

Maslow wollte herausfinden, was Menschen fühlen, wenn ihre Bedürfnisse nicht befriedigt werden, wenn sie depriviert sind. Einige allgemeine Schlüsse aus seinen Ergebnissen haben wir rechts von der oben stehenden Pyramide aufgelistet. Beispielsweise ist die häufigste Reaktion von Menschen, die auf der untersten Ebene, der Überlebensbedürfnisse, depriviert sind, Furcht. Werden Sie auf der Ebene zwei, der der Sicherheitsbedürfnisse, depriviert, leiden die Menschen unter Angst und so fort.

Ich gehe auf diese Bedürfnishierarchie ein, weil wir Bedürfnisse von Wünschen und Lösungen unterscheiden sollten. Beispielsweise brauchen wir keine Apfeltorte,

wohl aber Nahrung. Wir brauchen keinen Porsche, aber Beförderungsmittel. Maslows Entwurf kann uns helfen, deutlicher zu erkennen, was sich hinter Wünschen und Lösungen verbirgt.

Eine Vielzahl »seltsamer« Verhaltensweisen sind in Wirklichkeit Versuche, irgendein Bedürfnis zu befriedigen. Ich erinnere mich an eine junge Frau, leitende Angestellte eines Elektronikunternehmens, die uns am Ende eines Kurses für Führungskräfte von einem Problem erzählte, das sie mit ihrem Mann hatte, der plötzlich ungewöhnlich still und in sich gekehrt erschien, was sie beunruhigte und befremdete. Daher beschloss sie, ihn mit seinem merkwürdigen Verhalten zu konfrontieren, und wartete eine Gelegenheit ab, in der sie ungestört sein würden. Zunächst beschrieb sie sein Verhalten und wie sehr es sie beunruhigte. »Ich war mir sicher, dass Michael entweder ein Verhältnis hatte oder nicht damit fertig wurde, dass ich jetzt mehr Geld verdiente als er. Diese Überzeugung war so groß, dass ich gar nicht auf das hörte, was er sagte, bis er erklärte, ich sei wie ein ferner Stern, niemals anzutreffen. Der Rest war einfach. Wir wollten beide mehr Zeit füreinander haben, also fanden wir sie auch. Michael hatte völlig Recht, als er sagte: ›Wir haben genauso viel Zeit wie alle anderen. Es geht nur darum, was wir mit ihr anfangen‹. Und nach all den Sorgen, die ich mir um die vermeintliche Affäre gemacht hatte, war ich wirklich erleichtert, dass es nur um ein bisschen mehr Zeit ging.«

Die meisten von uns sind keine schlechten Menschen, wir haben nur bestimmte Bedürfnisse und wählen zu ihrer Befriedigung unter Umständen merkwürdige oder sogar kontraproduktive Verhaltensweisen. Prägen Sie sich Maslows Deprivationserfahrungen ein. Die liefern Ihnen möglicherweise Hinweise darauf, welche Bedürfnisse des anderen unbefriedigt sind.

Einige Konflikte sind harmlos und lassen sich gewissermaßen nebenbei erledigen. Andere sind zeitaufwändiger und komplizierter. *Tipp:* Gibt es mehrere Beteiligte, empfehlen wir eine Wandtafel oder etwas Ähnliches, worauf man Ideen so festhalten kann, dass alle sie sehen können.

Wenn sich feststellen lässt, welche Bedürfnisse unbefriedigt sind, ist schon sehr viel gewonnen. In dem oben geschilderten Beispiel des finanziell erfolgreichen Paars berichtete die Frau beispielsweise, über die Hälfte der Zeit habe es gedauert, die unbefriedigten Bedürfnisse ihres Mannes zu erkennen. »Da konnte ich endlich mit dem Schmollen aufhören«, sagte sie, »und brauchte ihn nicht mehr innerlich als verlogenen Hurenbock zu beschimpfen.«

**Schritt zwei:** Sobald die Bedürfnisse bestimmt sind, ist ein Brainstorming erforderlich, denn dann gilt es, so viele Lösungsvorschläge wie möglich zu entwickeln. In Gruppen sollte man ein Zeitlimit festsetzen. Wenn nur Sie und ein Freund oder Partner beteiligt sind, ist das vermutlich überflüssig. Der Schlüssel zum erfolgreichen Brainstorming ist der Verzicht auf jede Wertung. Wohl nichts hemmt die Kreativität so sehr wie Wertung, und Kreativität brauchen Sie für diesen Schritt. Um deutlich zu machen, was bei Schritt zwei nötig ist, verwende ich gerne das Neun-Punkte-Rätsel. Es sieht folgendermaßen aus:

Die Aufgabe besteht darin, alle neun Punkte mit vier geraden Linien zu verbinden, ohne den Stift einmal vom Papier zu nehmen. Ich will Ihnen die Lösung nicht verraten, nur so viel sei gesagt, dass Sie nicht dahinterkommen werden, wenn Sie die Punkte als Quadrat oder Kasten sehen. Sie müssen die Ränder des »Kastens« überschreiten. Genauso verhält es sich mit dem Brainstorming. Sie müssen den Kasten verlassen und die Dinge aus einer neuen, vielleicht einzigartigen Perspektive sehen. Nur so sind Sie in der Lage, neue Wege vorzuschlagen, um bestimmte Bedürfnisse zu befriedigen. Je mehr potenzielle Lösungen, umso besser. Sie sind vielleicht nicht alle brauchbar, doch damit können Sie sich in Schritt drei befassen. Wenn alle potenziellen Lösungen zur Sprache gekommen sind, wenden Sie sich Schritt drei zu.

**Schritt drei:** Jetzt ist der Zeitpunkt für Bewertungen gekommen. Gelegentlich schlägt jemand etwas vor, was die anderen als »elegante Lösung« bezeichnen. Oft kommt dann der Augenblick, wo jeder sagt:»Ja, das ist es. Das ist es!« Oder so ähnlich. Doch meist gibt es keine elegante Lösung, nichts, bei dem auf Anhieb klar wird, dass es den Bedürfnissen aller gerecht wird. Dann betrachten Sie die Lösungen, die in Schritt zwei entwickelt wurden, und bewerten sie. Wenn Sie sich in einer Gruppe befinden, etwa in der Familie oder einer Arbeitsgruppe, und *alle* Mitglieder Einwände gegen eine Lösung erheben, verwerfen Sie sie. Nachdem Sie die Liste potenzieller Lösungen durchgegangen sind, alle ausgesondert haben, die keine Zustimmung gefunden haben, und noch eine oder mehrere Lösungen übrig sind, ist Schritt vier an der Reihe.

**Schritt vier:** Entscheiden. Nicht abstimmen! Abstimmen erzeugt Gewinner (die Mehrheit) und Verlierer (die Minderheit), und Sie wissen, was Verlierer tun: Sie werden den ganzen Prozess untergraben. Schauen Sie, ob es eine Lösung gibt, die auszuprobieren sich alle bereit erklären. Die Mitglieder müssen von einer Idee nicht unbedingt begeistert sein, es genügt, wenn sie bereit sind, einen Versuch damit zu machen. Sie kann ihre Bedürfnisse trotzdem befriedigen. Wenn alle zustimmen, haben Sie einen Konsens erreicht. Ist keine der Lösungen akzeptabel, müssen Sie entweder zurück zu Schritt eins und das Problem genauer definieren oder zu Schritt zwei und weitere Lösungen entwickeln.

**Schritt fünf:** Planung, Ausführung, Vertrag. Einigen Sie sich, wer was wann tut. Im Prinzip ist das ein Vertrag und kann als solcher behandelt werden. Sie können ihn schriftlich aufsetzen und unterschreiben, wobei jeder Beteiligte eine Kopie erhält. Natürlich sind bei Lösungen einfacher Zwei-Personen-Konflikte keine formalen Verträge nötig, trotzdem ist es wichtig, dass Sie sich darauf einigen, wer was wann tut.

**Schritt sechs:** Neubewertung, Überprüfung. Manchmal wird schnell klar, dass eine gewählte Lösung umgesetzt worden ist und funktioniert; dann ist keine formelle Bewertung erforderlich. Doch bei komplexeren Konflikten in Familien oder Arbeitsgruppen sollte man schon festlegen, wann geprüft werden soll, ob der gewählte Weg wirklich den Bedürfnissen aller Beteiligten gerecht wird. Falls nicht, hat nicht die Gruppe versagt, sondern nur die Lösung. Werfen Sie nicht die Leute hinaus. Werfen Sie die unzulängliche Lösung hinaus und versuchen Sie es mit einer anderen, beziehungsweise beginnen Sie den Prozess von vorn.

Für die körperliche und seelische Gesundheit – und die Gesundheit unserer Beziehungen – ist es von entscheidender Bedeutung, dass die Beteiligten damit rechnen können zu gewinnen. Die sechsstufige Konfliktlösung garantiert, dass niemand verliert. Sie ist einfach, und sie ist allgemeingültig, das heißt, sie lässt sich auf alle Konflikte anwenden und erfordert letztlich weniger Zeit und viel weniger Energie als direktive Prozesse, weil der ständige Zwang zur Durchsetzung entfällt.

Oft werde ich gefragt, warum diese sechs Schritte nicht generell Anwendung finden. Der Hauptgrund ist, dass die Methode auf genauem Zuhören und auf der Verwendung der »Ich-Sprache« beruht und dass es um die allgemeine Fähigkeit zum Zuhören in unserer Welt trostlos bestellt ist. Fast nie werden »Ich-Botschaften« verwendet, wenn

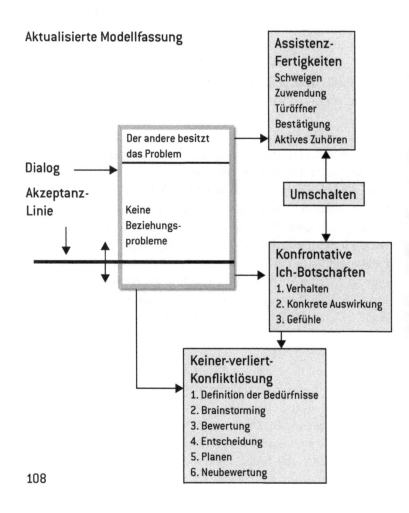

**Aktualisierte Modellfassung**

Assistenz-
Fertigkeiten
Schweigen
Zuwendung
Türöffner
Bestätigung
Aktives Zuhören

Der andere besitzt
das Problem

Dialog

Akzeptanz-
Linie

Keine
Beziehungs-
probleme

Umschalten

Konfrontative
Ich-Botschaften
1. Verhalten
2. Konkrete Auswirkung
3. Gefühle

Keiner-verliert-
Konfliktlösung
1. Definition der Bedürfnisse
2. Brainstorming
3. Bewertung
4. Entscheidung
5. Planen
6. Neubewertung

wir über Ärger und nicht befriedigte Bedürfnisse sprechen. Doch ohne diese Werkzeuge kann der sechsstufige
Lösungsprozess nicht gelingen … wofür wir einen enormen Preis bezahlen, nicht nur in Dollar, obwohl auch der
gigantisch ist. Viel mehr zählen die Kosten in Form von
gescheiterten Leben, verlorenen Leben und Leben in Not
und Elend.

## Das Beziehungs-Credo – Teil 5

So können wir eine intakte Beziehung führen, in der jeder
sich nach seinen Fähigkeiten entfalten kann … und wir
können unsere Beziehung in gegenseitiger Achtung, Liebe
und Eintracht fortführen.

# 10. KAPITEL

# Umgang mit unterschiedlichen Werten

In dem langen, heißen Sommer des Jahres 1787 kam eine Handvoll von Männern in Philadelphia zusammen, um zu argumentieren, zu debattieren, Kompromisse zu schließen und schließlich eines der bemerkenswertesten Dokumente der Weltgeschichte zu Papier zu bringen: die Verfassung der Vereinigten Staaten von Amerika.

Die Väter der Verfassung wussten, dass diese einige Mängel hatte, doch ob das Ergebnis ihrer Bemühungen mit Mängeln behaftet war oder nicht, sie gaben es zur Ratifizierung an die 13 Einzelstaaten weiter, fuhren nach Hause und wandten sich wieder anderen Aufgaben zu. Nicht im Traum hätten sie sich einfallen lassen, dass das mühselig aufgesetzte Dokument solche spektakulären Folgen haben würde. Doch es sollte sie noch vier lange Jahre beschäftigen. Der Grund: Es gab in den vorgeschlagenen Verfassungsartikeln keine Garantien, die die Bürger vor bestimmten Übergriffen des Staates schützten, mit denen sie nur allzu vertraut waren. Eine Zeit lang sah es so aus, als würde der Verfassungsentwurf gar nicht ratifiziert, doch zum Glück hatten die Urheber von vornherein eine gewisse Flexibilität eingeplant und Verfahrensregeln über die Änderung des Dokuments festgelegt. Allerdings hatten sie nicht damit gerechnet, dass der Fall schon so bald eintreten würde.

Was waren das für Veränderungen? Sie wurden als die Bill of Rights bekannt, zehn Zusatzartikel der Verfassung, die einige der wichtigsten Grundrechte vor Übergriffen der Regierung schützen.

Die Mitglieder des Verfassungskonvents erkannten das Bedürfnis der Bürger, die Regierung zu kontrollieren und sich an ihr zu beteiligen. Doch um wirklich anerkannt zu werden, musste die neue Regierung eingeschränkt werden in ihrer Möglichkeit, Grundrechte zu beschneiden wie Versammlungs-, Rede-, Presse-, Religionsfreiheit, Petitionsrecht, Schutz der Privatsphäre, Gleichheit vor dem Recht ... *und das Volk war willens, auf die ganze Verfassung zu verzichten, wenn diese Grundwerte nicht geschützt wurden.*

Die Bedeutung von Werten liegt auf der Hand. Um sie zu verteidigen, haben Menschen gekämpft und ihr Leben gelassen. Das vorliegende Kapitel beschäftigt sich mit diesen Werten und mit der Frage, was es mit einigen von ihnen auf sich hat und wie wir trotz Wertunterschieden friedlich miteinander leben können.

Nach dem *Deutschen Universalwörterbuch* der Dudenredaktion ist ein Wert die »einer Sache innewohnende Qualität ... die positive Bedeutung, die jemandem, einer Sache zukommt«. Werte sind die Qualitäten, denen wir die Begriffe »gut« und »richtig« zuordnen. Wir haben fast alle die gleichen Grundwerte, wohingegen die Unterschiede in erster Linie eine Frage der Priorität sind.

Und doch sind unterschiedliche Werte häufig dafür verantwortlich, dass Familien zerfallen, Freundschaften zerbrechen und wir einander fremd werden. Wir mögen ja dafür gesorgt haben, dass einige unserer sozialen und ethischen Werte vor staatlichen Übergriffen geschützt sind, doch was können wir tun, um pfleglicher mit unseren persönlichen Werten umzugehen?

## Der Raucher

Zur Unterscheidung zwischen einem Bedürfnis- und einem Wertekonflikt kann unter anderem der Umstand dienen, dass sich ein Bedürfniskonflikt konkret auf die Beteiligten auswirkt, der Wertekonflikt jedoch nicht. Nehmen wir an, mein Bruder hätte mir – sehr zu meinem Kummer – erzählt, dass er wieder mit dem Rauchen angefangen hat. Wie könnte meine Ich-Botschaft lauten, falls ich ihn konfrontieren wollte? »Wenn du rauchst, mache ich mir Sorgen um deine Gesundheit, weil ...« Weil? Was für *konkrete* Auswirkungen hat das Rauchen auf mich, wenn ich nicht passiv mitrauche?

Antwort: keine. Nicht, dass ich nichts dagegen hätte. Natürlich habe ich Angst, dass es ihm schaden könnte, und natürlich möchte ich ihn unbedingt davon abhalten. Aber er setzt *seine* Gesundheit aufs Spiel, nicht meine.

So kann ich zum Beispiel meine Gedanken und Gefühle auf eine möglichst wenig aggressive Weise zum Ausdruck bringen, das heißt, durch eine zweiteilige Ich-Botschaft, die aus einer vorwurfsfreien Beschreibung des Verhaltens und meinen Gefühlen besteht. »Wenn du Zigaretten rauchst, habe ich Angst, dass du deiner Gesundheit nachhaltig schadest.« Oder so ähnlich. Vielleicht raucht er trotzdem weiter, schließlich macht Tabak genauso süchtig wie Heroin. Vielleicht aber auch nicht. Vielleicht reicht meine Besorgnis aus, um ihn zum Nichtraucher zu bekehren. Herausfinden kann ich es nur, wenn ich es versuche.

Verändern wir das Szenario ein bisschen. Nehmen wir an, mein Bruder ist vierzehn, und ich bin sein Vormund. Hat sein Rauchen auf mich konkrete Auswirkungen, die er verstehen und zugeben wird? In diesem Fall kann ich die Situation mit der Keiner-verliert-Methode lösen. Doch wie könnte die Wirkung aussehen?

Manch einer wird sagen: »Was soll das Theater, ich schlage mit der Faust auf den Tisch und sage ›Es wird nicht mehr geraucht und damit Basta!‹.«

Meinen Sie, das klappt?

Kommunikationssperre Nummer eins, Befehlen, Anordnen, Auffordern, ist in einem Wertekonflikt wahrscheinlich die ungeeignetste Methode. Wenn sich das Handeln eines Menschen real und negativ auf mich auswirkt, wenn es mir in irgendeiner Weise schadet, wird es ihm zwar nicht gefallen, dass ich ihm Vorhaltungen mache, aber vielleicht kann er es verstehen. Oft haben Kinder, die in solchen Fällen verbaler oder physischer Gewalt ausgesetzt waren, zu mir gesagt: »Na ja, das habe ich mir wohl selber eingebrockt«. Doch diese Beispiele betreffen alle Verhaltensweisen, die erkennbare negative Auswirkungen haben. Wo ist die Wirkung bei einer Wertekollision? Welchen Preis bezahlen Sie? Die Anwendung von Strafe mit der Absicht, das Verhalten eines anderen zu korrigieren, ist in keiner Situation zu empfehlen, doch bei einer Kollision von Wertvorstellungen ist sie ganz und gar nutzlos.

Hat sich bei Lektüre der letzten Absätze Ihre Einstellung je nach dem Alter des Bruders verändert? Viele Menschen stellen verblüfft fest, dass sie auf ein und dasselbe Verhalten unterschiedlich reagieren, wenn es von Personen verschiedenen Alters gezeigt wird. Ein Teilnehmer in einem unserer Seminare sagte: »Es ist schon komisch, dass so viele von uns sich einem erwachsenen Bruder gegenüber vernünftig verhalten, ein Kind aber bestrafen würden. Wie kommt das? Denken wir wirklich alle, dass uns unsere Macht das Recht dazu gibt?« Ich hatte schlechte Nachrichten für diesen scharfsinnigen Beobachter. Seine Befürchtungen sind gerechtfertigt. Hier dient Macht tatsächlich zur Rechtfertigung, das heißt, jemand übt Zwang aus, einfach weil er mächtiger ist.

Das oben stehende Diagramm veranschaulicht die Beziehung zwischen Macht und Einfluss. Ein Mathematiker würde sagen, die beiden sind zueinander umgekehrt proportional. Und natürlich hätte er Recht. Je mehr Zwang ausgeübt wird, desto geringer wird der Einfluss. Vielen Menschen habe ich folgende Frage gestellt: Da Sie nicht zugleich Macht und Einfluss haben können, was ist Ihnen lieber? Nach einer kurzen Diskussion und Überlegung entschieden sich fast alle für den Einfluss. Einer drückte es so aus:»Die Macht, die ich mir wünsche, ist die Macht, Einfluss auszuüben. Die anderen Formen der Macht kosten zu viel Zeit und Energie.« Ich kann ihm nur beipflichten.

## Beratung

Wenn ich Einfluss habe, besteht die Möglichkeit, dass sich zweiteilige Ich-Botschaften als wirksam erweisen. Das heißt, wenn Menschen ohne Drohungen und Urteile konfrontiert werden, verändern sie sich vielleicht, weil sie mich schätzen und achten. Aber verlassen kann ich mich nicht darauf.

Es gibt noch einige andere Möglichkeiten, meinen Einfluss zu verstärken. Viele Tausend Menschen verdienen ihren Lebensunterhalt – manchmal sehr komfortabel – damit, dass sie ihre Fachkenntnisse und ihr Wissen anderen zu deren Vorteil zugänglich machen. Diese Berater, wie sie heißen, nehme ich mir manchmal als Vorbild für den Umgang mit meiner eigenen Klientel – meiner Frau, meinen Freunden, Angehörigen, Mitarbeitern und so fort. Allerdings sind bei der Beratungstätigkeit einige Regeln zu beachten. Wenn ich die nicht beachte, setze ich meinen Einfluss aufs Spiel.

**Regel Nummer eins:** Ich muss mir einen Auftrag geben lassen. Das soll nicht heißen, dass ich mich bezahlen lasse, sondern nur, dass ich mich durch emotionale oder psychologische Ansprache bemühe, von der Person oder den Personen beauftragt zu werden, die ich beeinflussen möchte. Berater werben für sich, bemühen sich um Aufträge, versuchen, ihre Dienstleistungen gut zu »verkaufen« – das kann ich auch. Ich unternehme jede nur denkbare Anstrengung, um meine »Klienten« dazu zu bekommen, nach meinen Diensten zu verlangen. Aber ich begehe nie und unter keinen Umständen den Fehler, meine Informationen und mein Wissen dem Klienten aufzudrängen, bevor er sagt: »Also bitte, sag mir, was du weißt« oder irgendeine ähnliche »Du-hast-den-Auftrag«-Botschaft sendet.

**Regel Nummer zwei:** Ich muss Informationen und Daten besitzen, über die mein Klient nicht verfügt. Unter Beratern kursiert folgender Witz: Ein Unternehmen hat Probleme mit einer seiner Maschinen und beauftragt einen externen Fachmann, sich die Maschine anzusehen und zu reparieren. Der Berater untersucht die Maschine, nimmt einen Hammer aus seinem Werkzeugkasten und versetzt der Maschine einen kräftigen Schlag damit. Daraufhin läuft die Maschine, als wäre nie etwas gewesen. Der Berater stellt dem Direktor eine Rechnung über 10 010 Dollar aus. Erstaunt fragt der Direktor: »Was zum Teufel soll das? Jeder hätte seinen Hammer nehmen und auf die blöde Maschine schlagen können.« Worauf der Berater entgegnet: »Völlig richtig. Dafür sind die zehn Dollar. Die zehntausend sind dafür, dass ich weiß, wo ich schlagen muss.«

Um ein erfolgreicher Berater zu sein, muss ich wissen, wo ich schlagen muss. Wenn meine Klienten das bereits wissen, brauchen sie mich nicht.

**Regel Nummer drei:** Ich darf mein Wissen nur einmal mitteilen. Will ich erneut als Berater tätig werden, muss ich erst wieder einen Auftrag bekommen. Viele wohlmeinende Eltern, Lehrer, Chefs, Freunde, Ehepartner setzen ihre Beratungstätigkeit endlos fort, obwohl ihre Klienten die Botschaft schon längst vernommen haben. Sie werden als Berater entlassen, weil ihre Tätigkeit als Belästigung empfunden wird. Ehemänner und Ehefrauen werden entlassen. Lehrer werden entlassen. Chefs werden entlassen. Und so fort.

**Regel Nummer vier:** Ich muss meinen Klienten die Verantwortung für ihr Handeln überlassen. Was meine Klienten mit den Informationen und Daten anfangen, die ich ihnen gegeben habe, ist ihre Sache. Solange ich keinen neuen Auftrag habe, ruht meine Beratertätigkeit.

Beratern kann es nur um Einfluss gehen. Macht haben sie keine. Definitionsgemäß verlassen sie sich auf ihr Wissen, »wo man schlagen muss«, um ihre Klienten zu beeinflussen. Die Werte und Überzeugungen von Menschen sind nicht in Stein gemeißelt. Wer über Wissen und Fakten verfügt, wer Erfahrung und Verstand besitzt, wer kompetent zu handeln vermag, kann Werte und Überzeugungen verändern. Das sind Eigenschaften, die Einfluss ausüben.

Denken Sie an Ihr eigenes Leben. Wer waren die Menschen, die Sie am nachhaltigsten beeinflusst haben? Was haben Sie getan oder nicht getan, gesagt oder nicht gesagt, dass Sie den Wunsch verspürten, von ihnen zu lernen oder zu werden wie sie? Ich könnte wetten, dass die Leute, die Sie beeinflusst haben, die Eigenschaften von guten Beratern besaßen.

Denken Sie jetzt an Menschen, die erfolglos versucht haben, Sie zu beeinflussen. Wer waren sie? Was haben sie getan oder nicht getan, gesagt oder nicht gesagt, dass Sie das Interesse an ihnen verloren? Abermals könnte ich wetten, dass diese Leute nicht die Eigenschaften hatten, die maßgeblich für Einflussnahme sind.

## Vorbildliches Verhalten

Eines der nützlichsten Werkzeuge von Erziehern und Lehrern ist das vorbildliche Verhalten. Eines der überflüssigsten, Vorträge zu halten. Wenn ich die Wertvorstellungen eines anderen Menschen wirklich beeinflussen will, halte ich keine Vorträge, sondern lebe die betreffenden Haltungen vor. Wenn ich Wert auf Pünktlichkeit lege, darf ich nicht zu spät kommen. Wenn ich Wert auf Fleiß lege, muss ich fleißig sein. Wenn ich Wert auf demokratisches Verhalten lege, muss ich mich demokratisch verhalten. Wenn ich einen Wert predige, aber nicht praktiziere, werde ich rasch als der Heuchler durchschaut, der ich bin. Ich erinnere mich noch deutlich an das verächtliche Lächeln auf dem Gesicht eines Halbwüchsigen in meiner Praxis, als er mir von seinen Eltern erzählte, die ihm Vorträge über die Gefahren von Drogen hielten, während sie sich ihre Abend-Martinis mixten.

Menschen übernehmen die Verhaltensweisen von Leuten, die sie bewundern und achten, nicht von Leuten, die sagen: »Handle so, wie ich sage, nicht, wie ich handle.« Kinder beobachten ihre Eltern, Mitarbeiter beobachten ihre Vorgesetzten, Freunde ahmen gegenseitig ihr positives Verhalten nach und meist gleichen sich die Wertvorstellungen von Ehepartnern im Laufe der Jahre an. Doch auch das schönste Modellverhalten ist keine Garantie für die Übernahme von Werten. Werte verändern sich mit der Zeit. Vielleicht sollte man lieber sagen, dass Werte mit der Zeit eine andere Priorität bekommen. Beispielsweise hatten vor 50 Jahren die meisten Menschen die Absicht, bis zum Ruhestand in der einmal gewählten Firma zu bleiben. Loyalität galt bei Arbeitnehmern wie Arbeitgebern als hoher Wert. Heute wechseln die Menschen ihre Stellung fünf- bis sechsmal, und Unternehmen entlassen Hunderte, ja Tausende von Arbeitnehmern, um höhere Gewinne zu erzielen. Flexibilität gilt mehr als Loyalität, und trotzdem geht die Welt nicht unter.

Heute müssen die Menschen über ihre Wertvorstellungen nachdenken. Was für Werte sind das? Woher stammen sie? Werden sie noch einer rasch veränderlichen Welt gerecht? Neulich las ich einen Artikel über den häufigsten

Grund für Entlassungen im mittleren Management US-amerikanischer Unternehmen. Die entlassenen Manager orientierten sich an einem Wertesystem, das Gehorsam und Unterordnung verlangt – »Entweder du machst, was ich will, oder du gehst« –, während sich die Unternehmen immer stärker von autokratischen zu demokratischen Systemen wandeln. Ein überholtes Wertesystem kann Ihre Selbstachtung, Ihre Beziehungen, Ihre Lebensqualität überhaupt beeinträchtigen. Sie müssen etwas verändern, und das verlangt im Regelfall Mut.

Wenn Sie im Wörterbuch die Bedeutung von Mut nachschlagen, finden Sie zwei völlig verschiedene Definitionen. Die erste hat mit Tapferkeit im Angesicht von Gefahr zu tun. Die zweite besagt, dass man unter allen Umständen das Rechte tut. Nur gelegentlich verlangt das Leben von uns Tapferkeit, aber fast immer, das Rechte zu tun. Manchmal fragt man sich: »Was ist nun das Rechte? Woher weiß ich, was richtig ist?« Die Antwort lautet: »Man weiß es nicht immer.« Doch wenn Sie kein Soziopath sind, haben Sie ein Gewissen, eine ruhige, leise Stimme, die ständig zu Ihnen spricht. Die Stimme, die vielleicht jetzt zu Ihnen sagt: »Was für eine leise Stimme?« *Diese da.* Diese Stimme. Schenken Sie ihr Beachtung. Hören Sie ihr zu. Ihr Gewissen weiß, was recht ist.

Es gibt ein Gebet, das bei Wertproblemen helfen kann: *Gott, gib mir den Mut, die Dinge zu ändern, die ich ändern kann, die innere Ruhe, die Dinge zu akzeptieren, die ich nicht ändern kann, und die Weisheit, um den Unterschied zu erkennen.* Stellen Sie sich eine Welt vor, in der die Menschen dieses Gebet in die Tat umsetzen. Wie sähe sie aus? Ich denke, es wäre eine Welt, in der es sehr viel weniger Probleme gäbe, sehr viel mehr Liebe, in der sehr viel weniger Energie für unwichtige Dinge vergeudet würde und sehr viel mehr Übereinstimmung in fast allen wichtigen Fragen herrschte. Kein schlechter Ort zum Leben, oder?

In einem früheren Buch habe ich geschrieben: »Woher kommt die Fähigkeit, jemanden auch dann noch zu lieben, wenn er sich entschieden hat, anders zu sein als ich?« Mancher mag anderer Meinung sein, doch ich bin der festen Überzeugung, dass wir alle Akzeptanz lernen müssen, wenn wir eines Tages eine Gesellschaft mit wahrhaft demokratischen Beziehungen haben wollen. Sie wird nicht nur Freiheit für die anderen bringen, sondern auch für uns selbst. Oder, wie eine Frau am Ende eines unserer Seminare schrieb: »Akzeptanz befreit vom Urteilen, und wenn du vom Urteilen befreit bist, bist du freier, als du dir je vorstellen konntest.«

## Das Werte-Fenster

Unser Verhaltensfenster ist in der Abbildung unten um zwei Aspekte erweitert worden. Auf der linken Seite die drei Faktoren, die Einfluss darauf haben, wo die Linie zwischen akzeptablen und nicht akzeptablen Verhaltensweisen verläuft. Bei einigen Menschen liegt diese Linie von Natur aus niedrig. Das heißt, sie akzeptieren die meisten Leute und Verhaltensweisen, sind nicht leicht aus der Fassung zu bringen und kommen gut mit sich und anderen zurecht. Bei anderen verhält es sich genau umgekehrt. Sie finden Menschen und Ereignisse im Allgemeinen nicht akzeptabel. Sie regen sich leicht auf, haben, was sie »anspruchsvolle Maßstäbe« nennen, und sind schwer zufrieden zu stellen. Ihre Linie verläuft weit oben. Alle anderen ordnen sich irgendwo dazwischen ein.

Doch gleichgültig, wie weit unten die Linie eines Menschen verläuft, sogar ihm wird gelegentlich die Fähigkeit zur Akzeptanz abhanden kommen. Ich nehme an, selbst Heilige haben ihre Grenzen. Und gleichgültig, wie weit oben die Linie eines anderen Menschen verläuft, auch er wird hin und wieder zur Akzeptanz fähig sein. Selbst Geizhälse haben schwache Momente. Es geht einfach darum, dass die Akzeptanz-Linie beweglich ist und dass sich der »Ich-besitze-Bereich« unter dem Einfluss von drei Faktoren ausweitet oder zusammenzieht. Den ersten Faktor habe ich beschrieben. Der bin ich: Wie ich mich gerade fühle, wie es in meinem Leben läuft, wie groß meine Bereitschaft zur *Akzeptanz* ist.

Der zweite Faktor ist der andere. Hier machen sich Stereotype und Vorurteile bemerkbar. Unter Umständen stelle ich fest, dass ich eher bereit bin, Menschen zu akzeptieren, wenn sie mir ähnlich sind, als wenn sie sich von mir unterscheiden. Oder ich mag korpulente Menschen lieber als dünne, ruhige lieber als laute, kleine lieber als große und so fort. Wie auch immer, aus ganz persönlichen Gründen kann ich nicht alle Menschen gleichermaßen akzeptieren.

Der dritte Faktor, der die Linie verschiebt, ist die Umgebung. Zwei Leute, die während eines Films schwatzen, sind nicht akzeptabel, wenn sie in meiner Nähe sitzen, während es mir nichts ausmacht, wenn sie es im Foyer des Kinos tun.

Es geht hier lediglich darum, dass niemand immer oder nie zur Akzeptanz fähig ist. Wir verändern uns. Je nach Zeit, Situation, Ort verhalten wir uns unterschiedlich. Wir sind inkonsequent. Wie einer meiner Professoren gerne sagte: »Wir sind beständig unbeständig.« Es hat keinen Sinn, Akzeptanz zu heucheln, wenn Sie sie nicht empfinden, und genauso töricht ist es, Nichtakzeptanz vorzutäuschen, wenn Sie sich nicht gestört fühlen. Allerdings können wir immer ehrlich sein, was unsere Gefühle angeht. Damit kommen wir zu einer weiteren wertvollen Verwendung der Ich-Sprache, der Sprache der Selbstöffnung. Wenn ich mich selbst öffne, bin ich ehrlich, täusche ich nichts vor. Beziehungen sind sehr viel leichter herzustellen und zu bewahren, wenn sie sich auf mein wahres Selbst gründen und nicht auf eines, das ich glaube verkörpern zu müssen.

Eine zweite Erweiterung des Fensters findet sich im unteren Teil der Zeichnung und heißt Werte-Beratung. Sie enthält die vier Regeln effektiver Beratung.

Damit ist das Fenster komplett, umfasst alle Teile und zeigt das vollständige Modell.

**Das Gordon Modell**

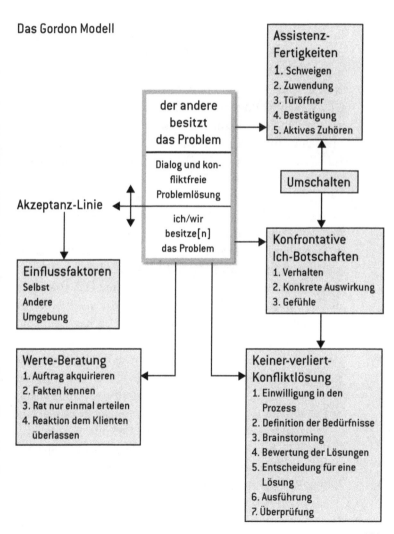

# 11. KAPITEL

# Gründe für Optimismus

Im fortgeschrittenen Alter hat der Ingenieur Richard Buckminster Fuller einmal erzählt, er sei als junger Mann auf einen kleinen See hinausgerudert, um sich zu ertränken, weil er sich für einen entsetzlichen Versager hielt. Zum Glück für uns alle hat er sich anders besonnen und sich stattdessen vorgenommen, herauszufinden, »was ein kleiner Mann tun kann, um die Welt zu einem besseren Ort für alle zu machen«. Als ich damals hörte, wie Bucky seinen Lebensüberdruss überwand und sich stattdessen ein Lebensziel setzte, habe ich angefangen, mein eigenes Lebensziel zu überdenken. Statt mich um die Verbesserung der Verhältnisse in Familien, Schulen und Unternehmen zu bemühen, wollte ich fortan versuchen, die Welt zu einem etwas friedlicheren Ort zu machen. Als ich an diesem neuen Ziel zu arbeiten begann, wurde mir klar, dass Frieden ein Ergebnis ist. Er ist ein Zustand, der aus friedlichen zwischenmenschlichen Beziehungen erwächst; daher begann ich, alle Beziehungen auf eine neue, umfassendere Art zu sehen. Nach dem Vorbild von Bucky Fuller beschloss ich herauszufinden, was eine kleine Organisation, Gordon Training International, tun könne, um den Frieden auf unserem Planeten ein bisschen heimischer zu machen.

Trotz aller Gewalt, die es heute gibt, glaube ich, dass die Zeit reif ist für die Idee des Weltfriedens. Das 21. Jahrhundert ist reif für den Weltfrieden, und die zwischenmenschlichen Fertigkeiten, die ich in diesem Buch erläutert habe, gehören zu den vielen Mitteln, mit denen sich ein globaler Friede verwirklichen lässt. Ich bin stolz, dass mein Name mit den vielen tausend Menschen in aller Welt verbunden ist, die diese Fertigkeit Hunderttausenden von anderen Menschen vermitteln. Ihre Bemühungen um Verbesserung von Beziehungen aller Art tragen zur Verwirklichung von Demokratie an Orten bei, an denen man sie nie vermuten würde. Beispielsweise hat Maria Nadas 1994 in Ungarn die Gordon-Schule eröffnet, eine Grundschule, die das Ziel hatte, nicht nur die Fertigkeiten dieses Buchs zu vermitteln, sondern auch die demokratischen Prinzipien, die ihnen zugrundeliegen. In dieser Schule werden alle Lehrer und Eltern in der »Gordon-Methode« ausgebildet, wie sie sie nennen. Laut Maria sind die Kinder »optimistisch, erfolgreich, selbstbewusst, offen für die Welt und tolerant gegenüber ihrer Umgebung«. Vor vier Jahren hielten meine Frau Linda und ich uns als Gäste an der Schule auf und konnten uns mit eigenen Augen davon überzeugen, dass diese Kinder wirklich höchst ungewöhnlich sind. Frau Lajos Szilagyi vom regionalen Lehrerfortbildungsinstitut erklärte: »Die Kinder sind erstaunlich gelassen und ernsthaft in ihrer Arbeit. Sie eignen sich die Gordon-Methoden an, ohne es zu merken.« Mit anderen Worten, sie hören aktiv zu, verwenden die Ich-Sprache und legen Streitigkeiten mit der Keiner-verliert-Methode bei.

## Lehrerausbildung

In Amerika haben Ken Miller und eine Gruppe begabter, als Kursleiter ausgebildeter Mitarbeiter dieses Fertigkeitsrepertoire in den vergangenen Jahren Tausenden von Lehrern vermittelt. In der Praxis ist nicht immer unmittelbar ersichtlich, wie tiefgreifend die Leitung solcher pädagogischen Gruppen das eigene Leben verändert. Es gibt eine alte Redensart, die da lautet: »Wenn du etwas gründlich lernen willst, dann lehre es.« Unsere Kursleiter haben ihre Sache gründlich gelernt und sind eine echte Friedensmacht.

## Wirtschaft

Vor vielen Jahren schrieb ich ein Buch mit dem Titel *Group-Centered Leadership*, das bereits viele der hier beschriebenen Ideen und Fertigkeiten erläuterte. Es hat sich nicht besonders gut verkauft, weil es nicht unbedingt als leichte Lektüre zu bezeichnen war, vor allem aber, weil die dort vertretenen Ideen der Bereitschaft der Wirtschaftseliten, andere an der Entscheidungsfindung zu beteiligen (etwas, was ich in dem Buch empfahl), um Jahre voraus war. Die Japaner hingegen *waren* dazu bereit. Da ihre Industrie nach dem Zweiten Weltkrieg in Trümmern lag, hatten sie gar keine andere Wahl, als von vorn anzufangen. So importierten sie die Ideen von W. Edwards Deming, Douglas McGregor, Frederick Herzberg und anderen, um mit ihrer Hilfe ein neues Industrieimperium aufzubauen, das in wenigen Jahren zur Produktivität der Vereinigten Staaten und jeder anderen Industrienation des Westens aufschloss. Ihr Geheimnis? Keine Spitzenlöhne. Keine Anreize. Keine Leistungsbewertung. Stattdessen verschiedene Formen der Partizipation. Sie flachten die Pyramide ab, führten gruppenzentrierte Entscheidungsprozesse ein und schafften es auf diese Weise beinahe, die USA als größte Wirtschaftsmacht der Welt zu verdrängen.

Nicht alle westlichen Unternehmen haben dieses amerikanisch inspirierte japanische Modell übernommen, doch immerhin haben sich einige dazu durchgerungen, und es sind Anzeichen erkennbar, die für die Zukunft hoffen lassen. So gibt es die Düsenjet-Fabrik von General Electric in Durham, North Carolina, die, wie in Kapitel vier geschildert, völlig selbstständig arbeitet.

1999 war das zweite Jahr in Folge, in dem W.L. Gore von der Zeitschrift *Fortune* unter die 100 »Top Companies to Work for in America« gewählt wurde (also eines der 100 Unternehmen mit den besten Arbeitsbedingungen). Gore entschied sich, allen seinen Teilhabern (denn es gibt keine Angestellten), mehr als 6000 weltweit, die Kommunikations- und Problemlösungsfertigkeiten zu vermitteln, die sie zur Lösung ihrer Probleme brauchen, ohne zu fruchtlosen Strategien greifen oder eine dritte Partei, ihren Auftraggeber oder Gruppenleiter, einschalten zu müssen. Das Programm, für welches sich das Unternehmen entschied, war unser Effektivitätstraining für Führungskräfte. Scott Cawood, einer der betriebsinternen Effektivitätstrainer, berichtete: »Wir erwarten, dass jeder Teilhaber unabhängig denken und konfrontieren kann und sich darum bemüht, ›Keiner-verliert-Ergebnisse‹ zu erzielen. Die Leute fördern die Glaubwürdigkeit des Unternehmens durch ihre guten Beziehungen untereinander und ihre Beiträge tragen zum Gelingen des Ganzen bei.«

Gore ist nur eines der mehr als hundert Großunternehmen – von American Freightways über Hewlett Packard bis hin zu Meijer Inc. –, die unser Trainingsprogramm verwenden, mit dem Ziel, ein offenes, ehrliches und produktives Unternehmensklima zu schaffen. Kürzlich haben wir erfahren, dass Merck, ein Unternehmen, das eine auf seine Bedürfnisse zugeschnittene Version unserer Methoden – *Communications Workshop* genannt – schon seit längerem in Europa und den Vereinigten Staaten verwendet, jetzt auch die erste Gruppe von Mitarbeitern in Russland trainiert hat.

Als Präsident Calvin Coolidge seine Auffassung von den Vereinigten Staaten in sechs Worten zusammenfasste, sagte er: »The Business of America is business« (Amerikas Geschäft ist das Geschäft), was durchaus wahr sein könnte. Doch vielleicht ist es nicht nur wahr, sondern könnte auch dazu beitragen, unsere gesamte Gesellschaft zu demokratisieren. So kommen Menschen in unsere Trainingskurse mit dem Wunsch, ihre beruflichen Fähigkeiten zu verbessern, produktiver zu werden, was ihnen auch gelingt. Doch dann erfahren wir immer wieder, dass es zu den auffälligsten und erfreulichsten Veränderungen in ihren Familien gekommen ist. Wenn die amerikanischen Unternehmen demokratischer werden, dann werden auch die Familien demokratischer. Die lange Erfahrung, auf die wir zurückblicken können, zeigt uns, dass Kinder, die in demokratischen Familien aufwachsen, als Erwachsene nicht nur intelligenter, kreativer und gesünder sind, sondern sich auch in allen ihren Beziehungen als demokratischer erweisen. Auf diese Weise werden die Einstellungen, Fertigkeiten und Prinzipien zwischenmenschlicher Demokratie an die nächste Generation weitergegeben.

Als immer mehr Unternehmen Projekte in die Wege leiteten, die die Mitarbeiterpartizipation fördern sollten, ließen sie von Fachleuten prüfen, ob sich ihre neuen Managementsysteme auszahlten. John Simmons und William Mares untersuchten fünfzig solcher Unternehmen in den USA und Europa und stellten ihre Ergebnisse in einem Buch mit dem Titel *Working Together* vor. Hier einige Resultate:

- Die Produktivität wuchs um zehn Prozent und mehr an – Zuwächse, die sich über mehrere Jahre fortsetzten. Zu Beginn der Programme nahm die Produktivität pro Mitarbeiter in einigen Fällen um hundert Prozent zu.
- Die Beschwerden gingen von 3000 pro Jahr auf 15 zurück und blieben auf diesem Niveau.
- Fehlzeiten und Fluktuationsrate wurden halbiert.

Simmons und Mares fahren fort: »Einige Manager, die Vorreiter bei der Einführung der Partizipation waren, schätzen indessen die Vorteile für die Persönlichkeitsentwicklung der Beteiligten noch höher ein. Der materielle Nutzen ist sekundär. Die Leute gewinnen eine positivere Einstellung zu sich selbst. Selbstachtung und Selbstvertrauen wachsen. Sie gehen gern zur Arbeit, führen ein selbstbestimmteres Leben und verlieren das Gefühl der

Ohnmacht.«

Möglicherweise können Führungskräfte sogar in Schulen eine Wende zum Besseren herbeiführen. Einmal habe ich einen unserer Kursleiter in das Büro des Schulrats eines wohlhabenden Vorortschulbezirks begleitet, um das Projekt eines Lehrerfortbildungsprogramms zu erörtern. Als wir im Vorraum warteten, eilte ein gut gekleideter junger Mann an uns vorbei und trat, ohne zu zögern, beim Schulleiter ein. Einige Minuten später öffnete dieser die Tür und bat uns einzutreten. Wie sich herausstellte, war der eilige junge Mann der Präsident des Schulbeirats. Als er uns die Hand gab, entschuldigte er sich dafür, dass er sich vorgedrängelt hatte. Er stehe unter Zeitdruck und habe mit dem »Boss« nur rasch ein Problem besprechen wollen, vor dem er in seinem Unternehmen stehe. Wie sich herausstellte, war er Personalchef einer nahe gelegenen Firma und hatte gerade die Einstellungsgespräche mit einigen Schulabgängern hinter sich, die im Sommer in seinem Unternehmen anfangen wollten. Den Schulleiter hatte er aufgesucht, um sich zu beklagen. Die Schulen seien nicht in der Lage, die Schüler auf die Aufgaben vorzubereiten, die in einem Hightech-Unternehmen wie dem seinen verlangt würden. Anweisungen könnten die jungen Leute hervorragend befolgen, doch selbst die klügsten unter ihnen seien kaum in der Lage, adäquat zu kommunizieren, Probleme zu lösen, in Gruppen zu arbeiten und Konsens herzustellen. »Wir haben keine Lust, unsere Mitarbeiter noch einmal auf die Schulbank zu schicken, weil sie hier nichts gelernt haben«, klagte er, »das ist Ihre Aufgabe.« Er wollte wissen, was der Schulleiter zu tun gedenke.

Ich weiß nicht, was in diesem besonderen Schulbezirk geschah, doch wenn die Verantwortlichen in der Wirtschaft, die den Arbeitsplatz demokratisieren wollen, mit den Schulen zusammenarbeiten, sind die Aussichten sehr gut, dass die Erziehungspyramide abgeflacht, vielleicht sogar ganz abgetragen werden kann, mit dem Erfolg, dass die extrinsischen Kontrollen (Noten, Strafen, Belohnungen usw.), die die Erziehung so stark beeinträchtigen, abgeschafft werden können.

Wie erwähnt, wissen wir seit einem Vierteljahrhundert oder mehr, wie sich Schulen gründlich verbessern ließen, doch trotz einer Fülle von Forschungsergebnissen beschränken wir unsere Bemühungen auf *Äußerlichkeiten* wie Lehrplanreformen und standardisierte Tests, statt uns auf die Verbesserung der *Beziehungen* zu konzentrieren, wo wir echte akademische und soziale Erfolge erzielen könnten.

## Die Ausbreitung der Demokratie

In der Zeit zwischen meinem ersten Kurs für siebzehn Eltern und heute haben sich bemerkenswerte Veränderungen vollzogen. Ich will mich auf die Schilderung von einigen wenigen beschränken: Mehr als vier Millionen Menschen in 47 Ländern und 30 verschiedenen Sprachen haben das Buch *Die Familienkonferenz* gekauft, und weltweit fanden unsere Trainingskurse bisher mehr als 1,5 Millionen Teilnehmer. Insgesamt sind mehr als sechs Millionen unserer Bücher verkauft worden. Wir haben Fachleute trainiert und autorisiert, die in 27 Ländern unsere Seminare durchführen und neue Kursleiter ausbilden. Weltweit sind mehr als 50 andere Eltern-Trainingsprogramme eingerichtet worden, an denen pro Jahr 50 000 Menschen teilnehmen. In einigen dieser Programme ist man inzwischen wie ich zu der Überzeugung gelangt, dass jede Form körperlicher oder seelischer Bestrafung völlig abgeschafft und durch demokratischere Mittel zur Bewältigung von Meinungsverschiedenheiten und Konflikten ersetzt werden muss. Beispielsweise wurde in einem bekannten Programm den Teilnehmern jahrelang Rudolf Dreikurs' Konzept der »logischen Konsequenzen« als Methode zum Umgang mit nichtakzeptablem Verhalten vermittelt, bis die Kursleiter entdeckten, dass ihre Teilnehmer den Begriff logische Konsequenzen einfach als Euphemismus für Strafe verstanden. Heute empfehlen sie ein Brainstorming-Verfahren, das unserem Schritt zwei der Konfliktlösung entspricht, um hilfreiche, akzeptable Lösungen für problematische Verhaltensweisen zu entwickeln. Einen derartigen Umstieg auf gewaltfreie Methoden finde ich sehr ermutigend.

Lassen Sie mich es noch einmal sagen: Ich bin der ehrlichen Überzeugung, dass es keinen Weltfrieden geben kann, bevor nicht unsere zwischenmenschlichen Beziehungen friedlich sind. Das vorliegende Buch ist mein Versuch, den Menschen zu friedlichen und glücklichen Beziehungen zu verhelfen. In einem früheren Versuch sponserten wir weltweit eintägige Konfliktlösungs-Kurse. Ein Ableger des Konfliktlösungs-Tages ist *Youth For Peace* (Jugend für den Frieden), ein Projekt junger Europäer, die jedes Jahr Sommerlager für Jugendliche und junge Erwachsene in den französischen Alpen durchführen. Dort versucht man, den Weltfrieden zu fördern, indem man die Beziehungsfertigkeiten lernt und praktiziert, die ich in diesem Buch dargelegt habe.

Unser Effektivitätstraining für Jugendliche ist ein Angebot an finnischen Schulen, von dem im letzten Schuljahr 3500 Halbwüchsige Gebrauch machten. Das Jugendeffektivitätstraining ist dort so erfolgreich, dass es jetzt auch Rekruten im finnischen Heer als freiwillige Fortbildungsmaßnahme zur Verfügung steht. Die Finnen haben eine Wehrpflichtzeit von zwei Jahren. Die Gruppe, die zur Eröffnungsveranstaltung erschien, umfasste 500 Teilnehmer. Die Kursleiter hatten mit etwa 25 Interessenten gerechnet, am Ende trugen sich mehr als 300 für den Kurs ein.

Eines Tages erhielt ich einen Brief von Dr. W. Sterling Edwards, in dem er über seine Erlebnisse mit schwer kranken Patienten berichtete. Er fragte, ob ich Lust hätte, mit ihm zusammen ein Buch zu schreiben, und zwar über die Erfahrungen, die er gemacht hatte, nachdem er seine Arbeit als Chirurg und Direktor des Fachbereichs Chirurgie an der Medizinischen Hochschule der University of New Mexico aus Altersgründen aufgegeben hatte. So widmete er sich im »Ruhestand« einer neuen Aufgabe: Mit Hilfe unserer Kommunikations- und Problemlösungsfertigkeiten bot er Patienten mit lebensbedrohenden Krankheiten eine Beratung nicht als Arzt, sondern als Freund an. Er schrieb keine Rezepte aus, stellte keine Diagnosen, entwickelte keine Behandlungspläne, sondern schenkte ihnen nur Zuwendung.

Das Ergebnis war ein Buch mit dem Titel *Patientenkonferenz: Ärzte und Kranke als Partner*. Vieles habe ich von Dr. Edwards gelernt, doch am tiefsten hat mich sein Mitgefühl beeindruckt. Als ich ihn fragte, ob er in dieser Hinsicht eine Ausnahme unter seinen Kollegen sei, erwiderte er, keineswegs, den meisten Ärzten lägen ihre Patienten sehr am Herzen, sie wüssten nur manchmal nicht, wie sie es zeigen sollten. Vor kurzem haben wir ein 16-Stunden Programm für Schüler entwickelt – *Resolving Conflicts at School* (Konflikte in der Schule lösen). Die Jugendlichen lernen, was es mit Konflikten auf sich hat und warum sie eskalieren, wie sie die »eigene Sicht der Dinge« ohne Schuldzuweisungen zum Ausdruck bringen, wie man sich die »andere Sicht der Dinge« anhört und wie sie zu Keiner-verliert-Konfliktlösungen gelangen können. Anschließend üben sie diese Fertigkeiten in realistischen Rollenspielen ein. Schließlich erfahren sie, wie man Konflikte schon im Ansatz verhindert.

Zusätzlich bieten wir ein Mediatorenprogramm für Schüler an, in dem sie lernen, wie sie bei Streitigkeiten und Konflikten anderer vermitteln können.

Familien können bei uns ein Selbstlernprogramm erhalten, das Eltern, Kindern und anderen Familienmitgliedern dazu dienen soll, die Fertigkeiten zu erlernen und

einzuüben, mit denen sich positive Beziehungen herstellen lassen. Es heißt *Family Effectiveness Training* (FET) und hat den Vorteil, so organisiert zu sein, dass es sich leicht in den randvollen Terminkalender moderner Familien einbauen lässt. Das FET-Programm eignet sich auch ausgezeichnet für Paare, die sich eine engere und erfülltere Beziehung wünschen.

Zu meiner Überraschung wurde ich drei Mal für den Friedensnobelpreis nominiert. Zwar habe ich ihn nicht erhalten, fühlte mich aber so geehrt, als wäre das der Fall gewesen. Daher möchte ich Sie auffordern, Ihren Beitrag zum Weltfrieden zu leisten, indem Sie sich mir anschließen und Ihre Beziehungen demokratisieren. Lesen Sie als Beispiel den Brief von Professor Lee Jang-Sup, der durch einen glücklichen Zufall auf die in diesem Buch beschriebenen Beziehungsfertigkeiten stieß und sie als Vater nutzen konnte.

»Ich bin Physikprofessor an einer Universität in China und habe zwei Kinder, eine Tochter und einen Sohn. Heute ist mir klar, dass ich ein autoritärer Vater war. Meine Kinder sollten Hervorragendes leisten, und ich versuchte, ihnen die bestmögliche Erziehung zuteil werden zu lassen. Doch mein Sohn enttäuschte mich tief. Unser Verhältnis wurde immer schlechter. Am 24. Februar 1996 nahm mein Sohn eine Stellung in einer anderen Stadt an und ich hatte eigentlich vorgehabt, ihn zum Flughafen zu begleiten. Doch er war mit meiner Frau dorthin gefahren und hatte sich noch nicht einmal von mir verabschiedet. Später erfuhr ich, dass er sich auf dem Flughafen sogar mit meiner Frau gestritten hatte.

Am selben Tag musste ich nach Seoul. Das Herz war mir schwer. Zufällig begegnete ich dort Professor Rose-Inza Kim von der Universität Sogang und berichtete ihr, wie sehr mich die Beziehung zu meinem Sohn belastete. Sie schlug mir vor, an einem Eltern-Effektivitätskurs teilzunehmen. Ich folgte ihrem Rat, und mein Leben veränderte sich. Nach dem ersten Kurs nahm ich noch an zwei 131 weiteren Eltern-Effektivitätsgruppen teil. Mir wurde klar, dass alle Eltern neue Kommunikationsfertigkeiten für den Umgang mit ihren Kindern entwickeln müssen. Ich hatte alle nur denkbaren Kommunikationssperren verwendet – Befehlen, Fordern und Kritisieren. Hätte ich früher an einem solchen Kurs teilgenommen, wäre ich ein sehr viel besserer Vater, ein guter Vater, geworden und wäre auch anders mit unserer Berufstätigkeit umgegangen. Meine Frau und ich arbeiteten beide, daher mussten wir unseren Sohn, der sechs Jahre alt war, jeden Tag in einer Kinderkrippe abliefern. Wir zwangen ihn, in den Kindergarten zu gehen. Aber dort gefiel es ihm nicht. Als er in die siebte oder achte Klasse ging, habe ich einmal gesagt: ›Was ist bloß los mit dir? Geh mir aus den Augen. Ich kann dich nicht ertragen.‹ Darauf lief er von zu Hause fort. Zwar kam er nach ein paar Tagen wieder, aber fortan begegnete er mir mit Feindseligkeit und Auflehnung. Er sagte: ›Warte nur, wenn ich groß bin, schlage ich dich, wie du mich geschlagen hast.‹ Ich war schockiert, überrascht und fühlte mich elend. Mein Sohn begann, mit Freunden zu rauchen und zu trinken. Ich verstand ihn nicht. So wurde ich immer unglücklicher. ›Ich weiß nicht, was ich tun soll‹, rief ich aus. ›Was zum Teufel ist nur los?‹

Das Eltern-Effektivitätstraining war eine Offenbarung für mich. Ich verwendete im Alltag Ich-Botschaften und übte Aktives Zuhören, auch im Umgang mit meiner Frau und unserem Sohn. Einmal sprach ich mit ihm am Telefon und sagte: ›Es tut mir leid, dass ich früher so viel Zwang ausgeübt und mich überhaupt so unnachgiebig verhalten habe. Es war mein Fehler. Du musst dich lange Zeit sehr einsam gefühlt haben.‹

Zu meiner Überraschung brach mein Sohn bei diesen Worten in Tränen aus. Er weinte noch eine Zeit lang am Telefon und sagte dann: ›Noch nie im Leben bin ich so glücklich gewesen wie in diesem Augenblick, Vater. Ich hätte mir nie träumen lassen, dass das einmal passiert.‹

Heute teilen wir uns in der Familie unsere Gedanken und Gefühle rückhaltlos mit und helfen einander. Ich bin wirklich glücklich.«

Vielleicht verstehen Sie jetzt, warum ich so optimistisch bin und fest daran glaube, dass wir etwas für den Frieden in der Welt tun können. Ich bitte Sie von Herzen: praktizieren Sie, was Sie auf diesen Seiten gelernt haben, und fördern und bewahren Sie dadurch friedliche Beziehungen.

# 12. KAPITEL

# Fragen und Antworten

Im Lauf der Jahre habe ich die meisten Fragen gehört und die meisten Probleme behandelt, mit denen sich Menschen auseinandersetzen, wenn sie die Konzepte und Fertigkeiten erproben, die Sie in diesem Buch kennengelernt haben. Lassen Sie mich auf einige Fragen (**F**) eingehen, die relativ klar und einfach sind.

**F:** Sie haben gesagt, Befehle und Anordnungen sind Kommunikationssperren. Meinen Sie damit, dass ich niemandem sagen darf, was er zu tun hat? Das gehört doch wohl zu meinen Aufgaben als Manager.

**A:** Sie haben Recht. Ein Teil Ihrer Aufgabe ist es, Menschen zu führen, ihnen zu sagen, was sie zu tun haben. Als Manager gehört das zu Ihrer Arbeitsplatzbeschreibung, und Ihre Mitarbeiter erwarten das wohl auch von Ihnen. Befehle, Anordnungen und andere Kommunikationssperren werden nur dann zu Barrieren, wenn die Menschen, mit denen Sie sprechen, aufgeregt oder ablehnend sind. Dann müssen Sie sich zurücknehmen und sich die Probleme der anderen anhören oder sie mit Ich-Botschaften konfrontieren, wenn Sie ärgerlich sind.

Als Beispiel eine »typische« Szene zwischen Vorgesetztem und Untergebenem:

*Vorgesetzter 1:* »Ich möchte, dass alle diese Akten heute abend weggeheftet und in den Schrank eingeordnet sind. Noch Fragen?«

*Untergebener:* »Das wird nicht gehen. Wir brauchen diese Akten, bis das Projekt fertig ist. Wenn wir sie in den Schrank einordnen, verzögert das die Sache.«

*Vorgesetzter 1:* »Ich habe gesagt, packen Sie sie weg. Ich entscheide, was die Sache verzögert und was nicht. Um fünf Uhr sind sie im Schrank.«

*Untergebener:* »Sie sind der Chef.« (Leise: Blödmann)

Gleiche Szene, anderer Vorgesetzter.

*Vorgesetzter 2:* »Ich möchte, dass alle diese Akten heute Abend weggeheftet und in den Schrank eingeordnet sind. Noch Fragen?«

*Untergebener:* »Das wird nicht gehen. Wir brauchen diese Akten, bis das Projekt fertig ist. Wenn wir sie in den Schrank einordnen, verzögert das die Sache.«

*Vorgesetzter 2:* »Sie glauben, es verzögert das Projekt, wenn die Akten weggeräumt werden?«

*Untergebener:* »Richtig. Es dauert eine halbe Stunde, sie wegzuräumen und morgen früh eine halbe Stunde oder mehr, sie wieder herauszusuchen und zu verteilen.«

*Vorgesetzter 2:* »Sie wollen sagen, das wäre Zeitverschwendung.«

*Untergebener:* »Ja, Sie haben uns doch gesagt, wie knapp der Zeitplan ist. Wenn wir die Fristen einhalten wollen, können wir die Sachen nicht immer wegräumen, nur damit es hier ordentlich aussieht.«

*Vorgesetzter 2:* »Ich verstehe, was Sie meinen. Aber mir behagt es nicht, wenn die Akten hier draußen herumliegen, wo jeder sich an ihnen zu schaffen machen kann. Mir würde es besser gefallen, wenn sie in den Schränken verschlossen wären.«

*Untergebener:* »Wie wäre es denn, wenn wir den ganzen Raum abschließen würden?«

*Vorgesetzter 2* (denkt einen Augenblick nach): »Ja, das haben wir zwar noch nie getan, aber ich denke, es wäre möglich … dann bräuchten wir die Akten nur an den Wochenenden fortzuräumen. Das würde gehen, oder?«

*Untergebener:* »Klar.«

Welcher Vorgesetzte wäre Ihnen lieber? **135**

**F:** Ein Freund von mir spricht ununterbrochen, wenn man ihn lässt. Ich habe ihm endlos zugehört, aber ich glaube, er ist ein Fass ohne Boden. Muss ich ihm nun immer weiter zuhören?

**A:** Zu den Bedingungen erfolgreichen Zuhörens gehört, dass der Zuhörer den Sprecher so akzeptieren kann, wie er ist. Es hört sich an, als hätte Sie das unaufhörliche Gerede Ihres Freundes früher nicht gestört, jetzt aber schon. Vielleicht war das aber auch nie der Fall. Egal, wie es sich verhält, es gehört in den »Ich besitze«-Bereich Ihres Verhaltensfensters. Sie müssen reden, nicht zuhören.

Ich schlage vor, dass Sie sich die Zeit nehmen, eine Botschaft zu schreiben, die Sie Ihrem Freund übermitteln können. Beschreiben Sie sein Verhalten vorwurfsfrei, wie es sich konkret auf Sie auswirkt, was es für Gefühle in Ihnen auslöst. Wenn der richtige Zeitpunkt gekommen ist, erklären Sie Ihrem Freund mit Hilfe dieser Botschaft, was in Ihnen vorgeht. Seien Sie anschließend bereit, sich seine Antwort anzuhören. Vielleicht sagt er einfach: »Oh, das tut mir leid.« Möglicherweise reagiert er aber auch sehr viel defensiver. Dann müssen Sie bereit sein, aus der Haltung der Konfrontation in die des Zuhörens umzuschalten.

**F:** Einige der Menschen, mit denen ich zusammenarbeite, sind ziemlich schwierig. Sie scheinen überhaupt nicht mit Kritik umgehen zu können. Ich muss aufpassen, was ich sage, damit sie nicht beleidigt sind oder aus der Haut fahren. Wie geht man mit solchen defensiven Menschen um?

**A:** Prinzipiell ist die Art von Empfindlichkeit, die Sie beschreiben, ein Bewältigungsmechanismus. Es ist die Art, wie manche Menschen mit Negativität und Niederlagen umgehen, eine Strategie, die häufig in der frühen Kindheit gelernt wird. Ich schlage vor, dass Sie einen geeigneten Zeitpunkt abwarten und sich mit Ihren Kollegen zusammensetzen, um mit ihnen zu erörtern, wie sie besser zusammenarbeiten können. Mit anderen Worten, sehen Sie es als eine Möglichkeit, durch die Verwendung des Keiner-verliert-Problemlösungsprozesses bessere Arbeitsbedingungen herzustellen. Dazu sind unter Umständen einige Sitzungen und häufiges urteilsfreies Zuhören erforderlich. Aber das hat keine Eile. Nehmen Sie sich einen Schritt pro Besprechung vor, sodass sich im Laufe der Zeit eine Vertrauensbasis entwickelt, ein sicherer Kontext entsteht und Ihre Kollegen eine Möglichkeit sehen, sich weniger defensiv zu verhalten und für neue Erfahrungen offener zu sein.

**F:** Was ist Ihrer Meinung nach die schwierigste Beziehung?

**A:** Die Beziehung, die unsere Geduld auf die härteste Probe stellt, unsere ganze Aufmerksamkeit fordert, Mut und Hartnäckigkeit von uns verlangt, ist die Eltern-Kind-Beziehung. Es ist die einzige, die mit absoluter Abhängigkeit beginnt und mit Unabhängigkeit endet. Schon oft habe ich gesagt: »Die besten Eltern sind diejenigen, die so schnell wie möglich für die erfolgreiche Lebensbewältigung ihres Kindes überflüssig werden.« Dieses »Aufziehen« eines Menschen zum Erwachsenen macht die Beziehung so ganz anders als alle anderen.

Für diese schwierige Aufgabe werden keine Qualifikationen verlangt, und noch vor kurzem gab es dafür auch keine formelle Vorbereitung. Doch in dem vorliegenden Buch finden Sie die wichtigsten Informationen, die Ihnen helfen können, Fehler in der Eltern-Kind-Beziehung zu vermeiden. Dann kann aus der schwierigen Elternrolle eine freudige werden, denn eine bessere Verwendung für unsere Grundsätze und Fertigkeiten gibt es nicht.

**F:** Mein achtjähriger Sohn wünscht sich ein Fahrrad zum Geburtstag. Wir leben in einem dicht besiedelten, sehr verkehrsreichen Viertel, und ich habe Angst, dass er beim

Fahrradfahren verletzt oder getötet werden könnte. Was soll ich tun?

**A:** Klären Sie die Besitzfrage. Wer besitzt das Problem? Ihr Sohn hat den Wunsch nach einem Fahrrad. Sie haben die Angst und die Sorge um sein Wohlergehen. Ein Fahrrad ist die Erfüllung eines Bedürfnisses. Um was für ein Bedürfnis handelt es sich? Spaß, Freizeit, Mobilität, Zugehörigkeit, Anschluss an eine Gruppe anderer Fahrradbesitzer? Bringen Sie ihn dazu, über das Fahrradfahren zu sprechen und zu erklären, was er sich vom Besitz eines Fahrrads erträumt. Lassen Sie ihn seine Gedanken und Gefühle über die Vorteile des Fahrradfahrens beschreiben. Hören Sie ihm zu. Liefern Sie ihm ein Feedback, dass Sie seine Botschaften verstehen. Wenn Sie ihm hinreichend klar gemacht haben, dass Sie ihn verstanden haben, dann äußern Sie Ihre Gedanken und Gefühle in einer Ich-Botschaft. Wenden Sie die Keiner-verliert-Strategie an, um zu einer Lösung zu gelangen, bei der beide gewinnen. Folgen Sie dem Schritt-für-Schritt-Prozess, wie er in Kapitel neun skizziert worden ist.

**F:** Ich unterrichte in der Sekundarstufe I und habe festgestellt, dass Schüler sich nicht an Vereinbarungen halten. Zu Beginn des Halbjahrs habe ich ein paar wichtige Regeln bekanntgegeben, beispielsweise, dass niemand andere daran hindern darf zu lernen oder dass man andere ausreden lässt. Ich habe sie der Klasse vorgelesen und gefragt, ob jemand Fragen oder Vorschläge hat, und die Schüler haben geantwortet, nein, die Regeln seien in Ordnung. Nach wenigen Wochen hatten sie alle gebrochen. Ich habe es satt, ständig den Polizisten zu spielen und sie immer wieder zur Ordnung zu rufen. Was kann ich tun, damit sich meine Schüler an die Regeln halten?

**A:** Es gibt eine Strategie, das so genannte Partizipationsprinzip, das Sie anwenden können. Dem Prinzip liegt die Erkenntnis zugrunde, dass Menschen viel eher bereit sind, sich an Entscheidungen zu halten, an denen sie beteiligt worden sind. Ich schlage vor, dass Sie Ihre Schüler an der Formulierung und Übernahme der Klassenregeln beteiligen. Auf diese Weise sind es »unsere« und nicht »Ihre« Regeln, und den Schülern wird daran gelegen sein, dass sie eingehalten und nicht gebrochen werden.

Eine Grundschullehrerin hat uns berichtet, dass sich schon sehr kleine Kinder für Klassenregeln verantwortlich fühlen, wenn sie an ihrer Festsetzung beteiligt werden. Nachdem die Klasse über die nötigen Regeln entschieden hatte, druckte die Lehrerin jede auf Papptafeln von 20 × 25 Zentimetern aus und befestigte sie in einer Reihe vorne an der Wand. Ihr fiel auf, dass hin und wieder ein kleines Mädchen nach vorn kam und eine der Regeln berührte. Als die Lehrerin sie danach fragte, sagte das kleine Mädchen: »Wenn ich kurz davor bin, eine Regel zu brechen, berühre ich sie, und dann breche ich sie nicht.«

Kein Zweifel, Sechs- oder Siebenjährige sind sehr gut in der Lage, sich Regeln einzuprägen und selbstbestimmt zu handeln. Vielleicht sollten sich ältere Schüler daran ein Beispiel nehmen ... und wir Erwachsenen auch.

**F:** Mit meinen Oberstufen-Schülern würde ich gern ein Treffen zur Regelfestsetzung durchführen, aber manchmal habe ich das Gefühl, ihnen wäre es am liebsten, wenn es überhaupt keine Regeln gäbe. Ich befürchte, sie schlagen so idiotische Regeln vor wie nie wieder Klassenarbeiten und jeder darf den Unterricht verlassen, wenn er Lust hat. Ich würde dann einfach überstimmt. Eine Katastrophe!

**A:** Nun ja, wenn über die Regeln abgestimmt wird, kann das passieren. Aber Ihre Ängste erübrigen sich, wenn Sie sich an den Keiner-verliert-Prozess halten. Gehen Sie zurück zu Kapitel neun und lesen Sie sich noch einmal Schritt vier durch, den Entscheidungsschritt, der mit den Worten beginnt: *Entscheiden. Nicht abstimmen!*

Sie müssen Ihren Schülern die Keiner-verliert-Methode

vermitteln. Nach unserer Überzeugung sollte das ein vorrangiges Ziel in jedem Klassenzimmer der Welt sein. Wir kennen keine bessere Methode, um die Bewältigungsmechanismen und Machtkämpfe zu beenden, die unendlich viel Unterrichtszeit kosten und die Beteiligten an den Rand der Erschöpfung bringen. Lehrer wie Schüler müssen wissen, dass sie in ihren Klassenzimmern nicht verlieren können.

**F:** Wie lange braucht man, um die Fertigkeiten des Zuhörens und der Ich-Sprache zu lernen? Kann man die Zeit abkürzen?

**A:** Da halte ich es mit der berüchtigten Keine-Antwort-Antwort: Kommt drauf an. Es gilt, Gewohnheiten aufzugeben, sich auf die Zunge zu beißen, innezuhalten und von vorn zu beginnen, wenn Sie sich bei alten Verhaltensmustern ertappen. Ich kenne keine Möglichkeit, diesen Prozess zu beschleunigen, abgesehen davon vielleicht, dass Sie sich Ihre Absichten klar machen. Wenn Sie wissen, was Sie wollen, sind Sie nach meiner Überzeugung auf dem richtigen Weg. Haben Sie wirklich die Absicht zu verstehen, was andere sagen, können Sie wahrscheinlich über die bloße Anwendung von Techniken hinausgelangen. Haben Sie die Absicht, Verantwortung für Ihre Gedanken und Gefühle zu übernehmen, dann werden Sie sie auch in der Ich-Sprache ausdrücken.

Menschen, die sich in irgendeiner Sache vervollkommnen, üben viel. Beispielsweise führen Golfer und Tennisspieler zwischen ihren Turnieren hunderte von Trainingsschlägen aus, und Pianisten üben manchmal stundenlang Tonleitern. Auch Sie können üben. Es herrscht kein Mangel an Unstimmigkeiten, denen Sie zuhören können, und an Gelegenheiten, nichtakzeptable Verhaltensweisen zu konfrontieren. Versuchen Sie es und seien Sie nicht zu streng mit sich. Sogar große Golfer verschlagen hin und

wieder einen Ball.

Wenn wir etwas Neues lernen, durchlaufen wir in etwa die folgenden Stadien:

| | |
|---|---|
| Stadium 4 | unbewusste Kompetenz |
| Stadium 3 | bewusste Kompetenz |
| Stadium 2 | bewusste Inkompetenz |
| Stadium 1 | unbewusste Inkompetenz |

Pädagogen sprechen von der Lernkurve. Bei Kommunikations- und Problemlösungsfertigkeiten scheint der Lernprozess vier Stadien oder Schritte aufzuweisen. Die meisten Menschen beginnen in Stadium eins, der *unbewussten Inkompetenz*. Auf dieser Ebene sind sie keine guten Zuhörer, verwenden Kommunikationssperren, senden Du-Botschaften und versuchen Konflikte durch Streitereien, Kämpfe und Machtspiele zu lösen. Sie wissen noch nicht, dass es einen anderen, viel besseren Weg gibt. Sie sind *unbewusst inkompetent*.

Doch wenn sie erfahren, welche zwischenmenschlichen Fertigkeiten es gibt, gelangen sie auf die zweite Ebene, die der *bewussten Inkompetenz*. Sie wissen jetzt, dass es die Möglichkeit des Aktiven Zuhörens und der Ich-Sprache gibt. Sie kennen die sechs Schritte des Problem- und Konfliktlösungsprozesses und können, wenn man sie danach fragt, verschiedene Kommunikationssperren aufzählen. Allerdings sind sie im Umgang mit diesen Fertigkeiten noch nicht geübt. Das Aktive Zuhören ist mechanisch, und die Konfrontationen sind häufig eine Mischung aus Du- und Ich-Botschaften – Unzulänglichkeiten, die alle Versuche, Probleme zu lösen und Konflikte beizulegen, erschweren oder verhindern. In diesem Stadium kommen sich viele so unbeholfen und unfähig vor, geben auf und machen weiter wie bisher – tun also das, was sie schon immer getan haben, was zwar unter Umständen unwirksam ist, aber den Vorteil hat, vertraut und bequem zu sein. Schließlich lieben viele Menschen ihre Bequemlichkeit.

Andere dagegen sind bereit, die Unbequemlichkeit auf sich zu nehmen und in Stadium drei zu gelangen, das der *bewussten Kompetenz*. Sie müssen sich zwar noch genau überlegen, was sie tun, können jetzt aber aktiv zuhören, sich in einer klaren Ich-Sprache äußern und die Keiner-verliert-Methode anwenden. Allerdings kommt ihnen das Ganze noch ein bisschen künstlich vor, ihre »Fertigkeiten« sind Techniken, und sie wissen es.

Ein junger Mann, der sich zwischen den Stadien bewusster Inkompetenz und bewusster Kompetenz befand, schickte uns die folgende E-Mail über seine Bemühungen:

»Besonders schwer fällt mir das sogenannte Aktive Zuhören. Man hört einfach zu und wiederholt das, was der andere vermutlich sagen wollte. In diesem Stadium kommt es mir noch ziemlich mechanisch vor, als wäre ich ein Papagei, der einfach wiederholt, was er hört. Doch je häufiger ich es tue, desto mehr verliert es diesen mechanischen Charakter, desto natürlicher wird es. Zunächst musste ich den Impuls unterdrücken, »in Ordnung zu bringen«, womit der andere ein Problem hatte. Doch dieser Wunsch bedeutet, dass ich dem anderen nur halb zuhöre, während er mir von seinem Problem berichtet, weil ich nach einer Lösung suche. Über dieses Stadium bin ich inzwischen hinaus, jetzt höre ich wirklich nur noch zu. Doch nun bin ich so damit beschäftigt, das, was er mir erzählt, zu paraphrasieren, dass ich beim Zuhören den Kopf immer noch nicht frei habe. Doch mit jedem Mal wird es besser.«

Hören Sie die Verwirrung und das Unbehagen aus dieser Botschaft heraus? Der junge Mann schlägt sich mit seinem schlimmsten Feind herum: seinen konditionierten Reaktionen. Allerdings ist er sich dessen durchaus bewusst und gibt nicht auf. Zweifellos wird er bald die

nächste und endgültige Ebene erreichen: die der *unbe-*

*wussten Kompetenz*, auf der die Fertigkeiten ausgeblendet werden, das heißt, unbewusst kompetente Menschen stellen sich einfach auf die Probleme anderer ein und teilen, ohne darüber nachzudenken, ihre eigenen inneren Zustände als Ich-Botschaften mit. Treten Konflikte auf, vergegenwärtigen unbewusst kompetente Menschen sich die Situation augenblicklich unter dem Gesichtspunkt unbefriedigter Bedürfnisse und überlegen sich, wie sie jeden an der Bedürfnisbefriedigung beteiligen können. Diese Menschen haben einfach ein neues Repertoire an konditionierten Reaktionen, die genauso automatisch sind wie ihre früheren: Der Unterschied liegt darin, dass ihre neuen Reaktionen die Beteiligten näher zusammenführen, Beziehungen knüpfen, Freundschaften entstehen lassen, Liebe und Frieden stiften.

**F:** Ich kann meine Tochter nicht dazu bringen, vernünftig und gesund zu essen. Sie hat zwei kleine Kinder, und ich befürchte, deren Gesundheit wird darunter leiden, wenn sie sich weiterhin von Pommes und Süßigkeiten ernähren. Wie kann ich meine Tochter dazu bringen, auf mich zu hören?

**A:** Wahrscheinlich hat Ihre Tochter Ihnen zugehört. Sie hat lediglich Ihre Ratschläge nicht befolgt. In Situationen wie der Ihren gibt es drei Variablen, drei Faktoren, die Sie möglicherweise ändern können:

1. andere,
2. den Kontext und
3. sich selbst.

Andere Menschen zu verändern ist außerordentlich schwierig. Wenn Sie Ihre Tochter trotzdem verändern, sie weiterhin zu einer »gesünderen Ernährung« ihrer Kinder veranlassen möchten, müssen Sie sich zunächst an die Regeln guter Beratung halten, die im letzten Kapitel ge- **143** nannt wurden. Sie könnten mit einer Ich-Botschaft wie der folgenden beginnen: »Ich habe gerade ein faszinierendes ernährungswissenschaftliches Buch gelesen, davon würde ich dir gern erzählen. Bist du interessiert?« Schalten Sie dann auf Zuhören um.

Ist Ihre Tochter immer noch nicht bereit, ihr Verhalten zu ändern, dann verfügen Sie über zwei weitere Möglichkeiten: Sie können den Kontext verändern. Sorgen Sie dafür, dass Sie nicht da sind, wenn Ihre Tochter mit ihren Kindern isst. Oder, was wahrscheinlich noch besser ist, verändern Sie sich selbst. Sehen Sie ein, dass Ihre Tochter das Recht hat, sich und ihre Familie so zu ernähren, wie es ihr gefällt, und bemühen Sie sich um die innere Ruhe, die Sie brauchen, um die Tochter so zu akzeptieren, wie sie ist.

**F:** Finden Sie nicht, dass Kinder manchmal mehr Disziplin brauchen, zum Beispiel einen Klaps auf den Po, damit sie kapieren, dass man es ernst meint, wenn man ihnen etwas sagt?

**A:** Wir sind nicht der Meinung, dass ein Klaps auf den Po der Beziehung zu Ihrem Kind schadet. Es liegt in der Natur von Kindern, dass sie ihre Eltern lieben, daher vergeben sie in der Regel solche gelegentlichen Verstöße gegen effektives Elternverhalten. Doch als Methode zum Lehren, Erziehen und Lenken müssen Schläge und andere Formen körperlicher Bestrafung zwangsläufig zu einer Beeinträchtigung Ihrer Beziehung führen.

Diesem Thema widmet sich mein Buch *Die neue Familienkonferenz, Kinder erziehen ohne zu strafen.* Darin gebe ich die Daten aus Hunderten von Forschungsberichten und Untersuchungen wieder, die allesamt zeigen, dass Belohnungen und Strafen ihr erklärtes Ziel verfehlen, nämlich Verhalten zu kontrollieren, zu verändern und zu beeinflussen. Eines der besten Bücher zum Thema der Belohnungen veröffentlichte Alfie Kohn 1993: *Punished by*

*Rewards* (»Durch Belohnungen bestraft«). Der interessierte Leser kann sich über zahlreiche Forschungsarbeiten und Untersuchungen informieren. Es folgt ein kleiner Abschnitt aus diesem Buch, der zeigt, dass Belohnungen keinen Deut besser wirken als Strafen.

»... die meisten Menschen können sich an Tätigkeiten erinnern, die sie einfach deshalb ausgeführt haben, weil sie ihnen Spaß machten ... bis sie eines Tages dafür bezahlt wurden, woraufhin sie niemals wieder auf die Idee gekommen wären, sie umsonst zu tun. Aus irgendeinem Grund verflüchtigte sich ihr intrinsisches Interesse, sobald Belohnungen eingeführt worden waren.

Eine bekannte Humoreske illustriert das besser als jede Studie. Sie berichtet von einem älteren Mann, der jeden Tag von einer Horde Zehnjähriger gehänselt wurde, die auf dem Heimweg von der Schule an seinem Haus vorbeikamen.

Nachdem sich der Mann eines Nachmittags erneut hatte anhören müssen, wie dumm und hässlich er sei, heckte er einen Plan aus. Am nächsten Montag empfing er die Kinder in seinem Vorgarten und erklärte ihnen, jeder, der am nächsten Tag zurückkomme und ihn beschimpfe, erhalte einen Dollar. Verblüfft und aufgeregt tauchten sie am Dienstag schon ganz früh auf und brüllten alle Schimpfwörter, die ihnen einfielen. Wie versprochen trat der alte Mann heraus und gab ihnen die vereinbarte Belohnung. ›Kommt morgen wieder‹, sagte er zu ihnen, ›und ihr bekommt fünfundzwanzig Cents für eure Mühe.‹ Die Jungen hielten das noch immer für ein gutes Geschäft und tauchten auch am Mittwoch wieder auf, um ihn zu verhöhnen. Beim ersten Schimpfwort trat der alte Mann mit einer Rolle Vierteldollarstücke vor die Tür und zahlte seine Quälgeister aus. ›Von nun an‹, eröffnete er ihnen, ›kann ich euch nur noch einen Cent für eure Tätigkeit geben.‹ Die Kinder sahen sich ungläubig an. ›Einen Cent?‹, wiederholten sie verächtlich. ›Vergessen Sie es!‹ Und sie kamen nie wieder.«     145

Der Inhalt der Bücher von Kohn und mir lässt sich wie folgt zusammenfassen: Wir können andere durch Strafen veranlassen, etwas zu tun, aber wir können sie nicht dazu bringen, Gefallen daran zu finden oder die Tätigkeit fortzusetzen, wenn wir nicht mehr da sind, um sie zu bestrafen. Wir können andere durch Belohnungen veranlassen, etwas zu tun, aber wir können sie nicht durch Belohnungen dazu bringen, Gefallen daran zu finden oder die Tätigkeit fortzusetzen, wenn wir nicht mehr da sind, um sie zu belohnen.

Die Verwendung von Belohnung und Strafe ist ein Grundbestandteil des autoritären Systems, nicht der Demokratie. Wenn Sie demokratische Beziehungen haben wollen, müssen sie alle autoritären Verhaltensweisen aufgeben (auch den Klaps auf den Po) und durch Prozesse ersetzen, die demokratische Beziehungen herstellen.

**F:** Welche Veränderungen müssten Ihrer Meinung nach unbedingt an unserem Bildungssystem vorgenommen werden?

**A:** Zunächst einmal würde ich bei jedem Lehrer gezielt drei Eigenschaften trainieren, die nach den Ergebnissen der Forscher David Aspy und Flora Roebuck bei Schülern Lernfähigkeit, IQ und Schulbesuch fördern. Die drei Eigenschaften sind Empathie, Kongruenz und eine bedingungslose positive Einstellung – Eigenschaften, die auch in zwischenmenschlichen Beziehungen von entscheidender Bedeutung sind.

Wir haben in diesem Buch Verhaltensweisen beschrieben, die operationale Definitionen dieser Faktoren liefern. Empathie wird beispielsweise durch urteilsfreies Aktives Zuhören geäußert. Kongruenz ist ein geometrischer Begriff, der besagt, dass Figuren, die aufeinandergelegt werden, sich in jeder Hinsicht decken. Hier verstehen wir unter Kongruenz, dass der andere auch wirklich bekommt, was er sieht. Ich-Sprache ist die Sprache der Kongruenz, weil sie dafür sorgt, dass sich die innere Erfahrung mit der äußeren deckt. Aktives Zuhören, Ich-Sprache und die Keiner-verliert-Konfliktlösung dokumentieren, dass unsere Einstellung bedingungslos positiv ist ... anderen und uns selbst gegenüber. Ohne diese Kommunikations- und Problemlösungsfertigkeiten bleiben Empathie, Kongruenz und positive Einstellung abstrakte Begriffe ohne praktischen Nutzen.

Lehrer, die diese Fertigkeiten anwenden, erzielen hervorragende Ergebnisse, nicht nur in Hinblick auf die Schulleistungen, sondern auch auf die Beziehungen, die eng und demokratisch werden. Da die Schüler keine Bewältigungsmechanismen brauchen, haben diese Lehrer großen Einfluss. Dank diesem Einfluss übt das Modellverhalten der Lehrer großen Einfluss auf das Leben ihrer Schüler aus.

Als Jugendlicher kannte ich einen Mann, der ziemlich alt war und als der klügste und belesenste Einwohner unserer Ortschaft galt. Als ich eines Tages von der Schule heimkam, saß er auf der Vorderveranda seines Hauses. Ich blieb stehen und fragte ihn, wie er zu seinem enzyklopädischen Wissen gekommen sei. Er sagte:»Na ja, als ich etwa so alt wie du war, hatte ich Glück. Ich hatte einige wundervolle Lehrer. Man könnte sie fast Alchimisten nennen. Mit unerschütterlichem Optimismus und viel Einsatz verwandelten sie einen Grundstoff wie mich, zwar nicht gerade in Gold, aber doch in etwas Wertvolleres. Sie überzeugten mich davon, dass ich alles könnte, was ich mir vornähme.« Er hielt inne, richtete die vom Alter etwas wässrig gewordenen blauen Augen eine Zeit lang auf den Horizont und fügte dann hinzu:»Seither habe ich viele Dinge getan, merkwürdige und wunderbare Menschen aller Art getroffen, alles gelesen, was ich in die Finger bekam, lange gelebt und allem meine Aufmerksamkeit geschenkt.«

Wir brauchen diese pädagogischen Alchimisten, die nie    147 aufgeben, die unsere Kinder in den Schulen anleiten und inspirieren, sodass sie viele Dinge tun, merkwürdige und wunderbare Menschen kennen lernen, alles, was ihnen in die Finger fällt, lesen, lange leben und allem Aufmerksamkeit schenken können.

Also, welche anderen Möglichkeiten haben wir, unsere Schulen zu verbessern? In der Theorie ist es relativ einfach, in der Praxis jedoch sehr schwierig: Verringern Sie die Größe der Schulen, suchen Sie sich gute Lehrer, stellen Sie sie ein, bezahlen Sie sie gut und lassen Sie sie unbehelligt arbeiten. Schulleiter müssen sich als Hilfstruppen für Lehrer begreifen, nicht als Vorgesetzte – als Assistenten, die bei Zielsetzungen behilflich sind, zu Träumen ermutigen, zur Lösung von Problemen beitragen. So können sie zu Erziehern ganzer Gemeinwesen werden und dafür sorgen, dass sich Eltern und Kommunalpolitiker an der Zielsetzung und der Lehrplan-Evaluierung beteiligen. Schließlich ist der erzieherische Prozess in der Schule eine zutiefst menschliche Aktivität. Die Bedürfnisse von Schülern, Lehrern und Eltern sind menschlich. Wenn es in unseren Schulen an etwas mangelt, dann nicht an Geld, obwohl mehr Geld sicherlich hilfreich wäre, sondern an der Art und Weise, wie Menschen behandelt, wie Regeln aufgestellt werden und wie man mit nichtakzeptablen Verhaltensweisen umgeht.

Vielleicht gab es einmal eine Zeit, in der autoritäre Schulen ihre Aufgabe erfüllten, weil sie junge Menschen auf die geistlose, sich unendlich wiederholende Fließbandarbeit vorbereitete, doch diese Zeit ist lange vorbei. Die Hightech-Gesellschaft von heute erwartet von den Schulen nicht nur die Vermittlung technischer Fertigkeiten, sondern auch zwischenmenschlicher Fähigkeiten. Mit anderen Worten, die Schule von heute soll demokratisch und nicht autoritär sein.

**F:** Ich bin Lehrer und werde fürs Lehren bezahlt. Ich fühle mich unfrei, wenn ich ständig Kommunikationssperren vermeiden soll. Manchmal denke ich, ich sollte lieber meine Erfahrung weitergeben. Dass Beschimpfen und Urteilen zu Problemen führen können, leuchtet mir ein, aber Fragen stellen? Wie kann das eine Kommunikationssperre sein?

**A:** Wann haben Sie zum ersten Mal bemerkt, dass Fragen nützliche Unterrichtstechniken sind? Merken Sie, wie mühelos ich Sie mit dieser Frage in die gewünschte Richtung gelenkt habe? Fragen sind nützliche Unterrichtswerkzeuge, aber nur im problemfreien Bereich Ihres Verhaltensfensters.

Kommunikationssperren sind nur Sperren, wenn sie wirklich Hindernisse sind. Sie halten die Kommunikation nur auf, wenn jemand in der Beziehung ein Problem hat. Gibt es keine Probleme, sind Kommunikationssperren im Allgemeinen harmlos, das heißt, sie verursachen keine Unstimmigkeiten. Schauen Sie sich das folgende Verhaltensfenster an:

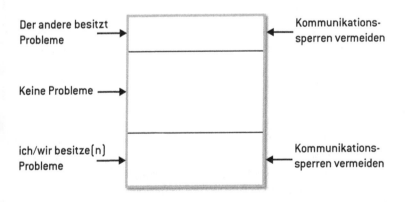

Der mittlere Abschnitt ist der problemfreie Bereich, dort schadet es möglicherweise nichts, wenn Sie befehlen, scherzen, Ratschläge erteilen oder andere Kommunika- **149**

tionssperren verwenden; selbst Beschimpfungen können dort harmlos sein. In unseren Kursen für Lehrer nennen wir diesen Bereich den Lehr-Lern-Bereich, weil er ideale Bedingungen für diese Prozesse schafft. Doch wenn Sie als Lehrer verstimmt sind, müssen Sie mit dem Unterrichten aufhören und das Problem konfrontieren. Sind die Schüler aufgeregt, ist ihnen nicht nach Lernen zumute, dann müssen Sie mit dem Unterrichten aufhören und ihnen helfen, die Gedanken und Gefühle zu klären, die sie am Lernen hindern. In diesen Problembereichen sind die Sperren echte Kommunikationshindernisse und einer Lösung im Weg.

Es geht also darum, so oft und so lange wie möglich im problemfreien Bereich zu bleiben, damit Sie unterrichten, die Schüler lernen und sich alle freier und unbelasteter Interaktionen erfreuen können.

Im Geschäftsleben entspricht der problemfreie Bereich der produktiven Zeit, dann liegen die Bedingungen vor, unter denen Mitarbeiter ihre höchste Produktivität entfalten können. Und in Ihren primären Beziehungen hat der problemfreie Bereich eine heitere, unbeschwerte Qualität. Er bietet Gelegenheit zum Dialog. Egal, wie man ihn nennt, die Ausweitung des problemfreien Bereichs macht Menschen glücklich, und glückliche Menschen sind energisch, produktiv und fähig, ihre besten Eigenschaften zu verwirklichen.

/

F: Meine Kinder sind zwei und vier, zwei kluge, liebevolle und eifrige kleine Kerlchen. Klar, dass ich das Beste für sie möchte. Was kann ich von ihnen erwarten, wenn meine Frau und ich Ihre Ratschläge befolgen? Werden sich meine Kinder deshalb besser entwickeln?

A: Ich weiß nicht, wie sie sich entwickeln werden. Doch nach Ihrer Beschreibung würde ich meinen, dass sie sich prächtig entwickeln, wenn sie klug, liebevoll und eifrig bleiben. Eines weiß ich allerdings: Tausende von Kindern haben sich »prächtig entwickelt«, weil ihre Eltern die in diesem Buch beschriebenen Fertigkeiten und Techniken anwendeten. Hier einige typische Ergebnisse:

Die Kinder

- sind körperlich und seelisch gesünder,
- durchlaufen die Pubertät ohne die Stürme und die Probleme, mit denen in diesem Lebensabschnitt sonst zu rechnen ist,
- nehmen Rücksicht auf die Bedürfnisse und Rechte anderer, weil Erwachsene auf ihre Bedürfnisse und Rechte Rücksicht nehmen,
- wachsen zu Erwachsenen mit hohen moralischen und ethischen Maßstäben heran,
- sind diszipliniert und selbstbestimmt,
- sind spontaner, selbstbewusster und selbstständiger,
- haben mehr Erfolg in der Schule,
- finden leichter Freunde,
- sind geselliger und umgänglicher,
- sind in der Begegnung mit Eltern und anderen Erwachsenen nicht auf Bewältigungsmechanismen wie Kampf, Flucht oder Unterwerfung angewiesen.

Nach unserer Erfahrung sind Kinder, die in demokratischen Verhältnissen aufwachsen, klüger, kreativer und fürsorglicher als Kinder, die gegängelt, kontrolliert, belohnt oder bestraft werden. Mit anderen Worten, die meisten Kinder kommen wie die Ihren auf die Welt – klug, liebevoll und gutwillig. Und sie bleiben es, wenn in Familien demokratische Beziehungen herrschen.

## Nachtrag

Oben habe ich gesagt, ich würde Ihnen die Antwort auf das Neun-Punkte-Rätsel nicht geben, aber ich habe meine Meinung geändert.

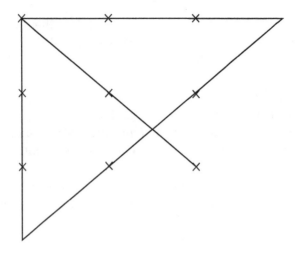

Nun, da Sie sich gewissermaßen außerhalb des Vierecks befinden, blättern Sie bitte zurück zum Beziehungsnetz im Vorwort und schauen Sie sich die Beziehungen an, die Sie als problematisch eingestuft haben. Was meinen Sie? Wie viele davon können Sie jetzt in Ordnung bringen oder verbessern? Es ist sicherlich etwas ganz anderes, zu wissen, was man tun muss, als es tatsächlich zu tun. Es liegt ganz an Ihnen, ob Sie die Informationen umsetzen, die Sie jetzt haben. Wenn Sie es aber tun, wenn es Ihnen gelingt, auch nur eine einzige Beziehung friedlicher zu gestalten, haben Sie einen Beitrag zu unser aller Lebensqualität geleistet.

## Das Beziehungs-Credo

Wir beide haben eine Beziehung, die ich schätze und bewahren möchte. Aber jeder von uns ist ein selbstständiger Mensch mit eigenen Bedürfnissen und dem berechtigten Anspruch, sie zu befriedigen.

Wenn du Probleme hast, werde ich dir mit Aufrichtigkeit und Akzeptanz zuhören, um dir zu helfen, eigene Lösungen zu finden. Ich gestehe dir das Recht zu, eigene Ansichten zu vertreten, mögen sie sich auch noch so sehr von den meinen unterscheiden.

Wenn dein Verhalten mich in meinen Bedürfnissen einschränkt, werde ich dir offen und ehrlich sagen, was mich stört, denn ich vertraue darauf, dass du versuchen wirst, das Verhalten zu ändern, das ich nicht akzeptieren kann. Falls ich mich in einer Weise verhalte, die du nicht akzeptieren kannst, möchte ich, dass du mir offen und ehrlich sagst, was dich stört, sodass ich die Möglichkeit habe, mein Verhalten zu ändern.

Wenn wir Konflikte haben, wollen wir versuchen, alle beizulegen, ohne dass einer versucht, sie auf Kosten des anderen zu lösen. Das Recht auf die Befriedigung der eigenen Bedürfnisse gestehe ich dir ebenso zu wie mir. Deshalb wollen wir immer nach Lösungen suchen, die für uns beide akzeptabel sind. Keiner wird verlieren, sondern beide werden wir gewinnen.

Dann kann unsere Beziehung intakt bleiben und uns die Möglichkeit bieten, uns nach unseren Fähigkeiten zu entfalten, ... und unsere Beziehung in gegenseitiger Achtung, Liebe und Eintracht fortzuführen.

# Literatur

Dunn, J., und Munn, P., »Development of justification in disputes with another sibling«, in: *Developmental Psychology*, 23 (1987), S. 791–798

Garland, A., und Zigler, E., »Adolescent suicide prevention«, in: *American Psychologist*, 48 (1993), S. 2

Gottman, J. M., *What predicts divorce?*, Hillsdale, N. J., 1984

Greven, P. E. T., *Spare the child: The religious roots of punishment and the psychological impact of physical abuse*, New York 1991

Markman, H. J., »Prediction of marital distress, A 5 year follow up«, in: *Journal of Consulting and Clinical Psychology*, 49 (1981), S. 760 ff.

Montemagur, R., »Parents and adolescents in conflict«, in: *Journal of Early Adolescence*, 3 (1983), S. 83–103

Pan, H. S., Neidig, P. H., und O'Leary, K. D., »Predicting mild an severe husband-to-wife physical agression«, in: *Journal of Consulting and Clinical Psychology*, 62 (1994), 5, S. 975–981

Rickel, A., und Becker, E., *Keeping children from harm's way*, American Psychological Association, Washington 1997

Tolan, P. E. T., und Guerra, N., *What works in reducing adolescent violence*, Center for the Study and Prevention of Violence, University of Colorado, Boulder, 1994

Vachinich, S., »Starting and stopping spontaneous family conflicts«, in: *Journal of Marriage and the family*, 49 (1987), S. 591–601

# Ergänzende Literatur
# in deutscher Sprache

Adams, L. und Lenz, E., *Beziehungskonferenz. Wege zu einem konstruktiven Miteinander.* Heyne, München 2001

Adams, L. und Lenz, E., *Frauenkonferenz – Wege zur weiblichen Selbstverwirklichung.* Heyne, München, 5. Aufl. 1996

Gordon, T. und Sterling Edwards, W., *Patientenkonferenz – Ärzte und Kranke als Partner.* Heyne, München 1999

Gordon, T., *Familienkonferenz – Die Lösung von Konflikten zwischen Eltern und Kind.* Heyne, München, aktualisierte Taschenbuchausgabe 2012

Gordon, T., *Familienkonferenz in der Praxis – Wie Konflikte mit Kindern gelöst werden.* Heyne, München 2012

Gordon, T., *Die neue Familienkonferenz – Kinder erziehen ohne zu strafen.* Heyne, München, 23. Aufl. 2011

Gordon, T., *Lehrer-Schüler-Konferenz – Wie man Konflikte in der Schule löst.* Heyne, München, aktualisierte Aufl. 2012

Gordon, T., *Managerkonferenz – Effektives Führungstraining.* Heyne, München, 20. Aufl. 2006

Rogers, C. R., *Der neue Mensch*, Klett-Cotta, Stuttgart, 8. Aufl. 2007

Rogers, C. R. und Rosenberg, R. L., *Die Person als Mittelpunkt der Wirklichkeit:* Klett-Cotta, Stuttgart, 2., um ein Vorw. erw. Aufl. 2005

Rogers, C. R., *Entwicklung der Persönlichkeit*, Klett-Cotta, Stuttgart, 18. Aufl. 2012

Tausch, R. und Tausch, A.-M., *Erziehungspsychologie – Begegnung von Person zu Person.* Hogrefe, Verlag für Psychologie, Göttingen [u.a.], 11. korr. Aufl. 1998

Zaiss, C. und Gordon, T., *Das Verkäuferseminar – Psychologie des effektiven Verkaufens.* Heyne, München 1999

# GORDON ®

Training
Deutschland Österreich Schweiz

in der Akademie für personzentrierte
Psychologie GmbH – Sitz Bonn

**Wir führen die Kurse zu den Büchern
von Thomas Gordon durch:**

- Familientraining
- Family Effectiveness Training (F.E.T.)
- Beziehungstraining "Be Your Best"
- Effektivitätstraining für Lehrer
- Leader Effectiveness Training (L.E.T.)
- Führungstraining für medizinische Berufe
- Synergistic Selling

**In allen Trainings besteht die Möglichkeit
der Trainerausbildung.**

Gordon Training Deutschland Österreich Schweiz/
Akademie für personzentrierte Psychologie GmbH
Geschäftsführung Dr. Karlpeter Breuer

D – 53129 Bonn • Bonner Talweg 149

Telefon  49 (0) 2 28 – 22 58 67
Fax     49 (0) 2 28 – 22 02 04
e-Mail   info@gordontraining.org
Internet  www.gordontraining.org

www.klett-cotta.de

Arnold A. Lazarus /
Allen Fay
**Ich kann,
wenn ich will**
Anleitung zur
psychologischen
Selbsthilfe

Aus dem Amerikanischen
von Wolfgang Pauls
137 Seiten, broschiert
ISBN 978-3-608-94682-6

## Sie sind der Experte Ihres Leidens.

Wer darunter leidet, sich hilflos zu fühlen, sich nicht
durchsetzen zu können, einsam zu sein, wer Angst
vor Risiken hat und sich zwanghaft bemüht, es allen
recht zu machen, dem hilft dieses Buch, selbständig,
ohne Hilfe eines Therapeuten, seine Probleme zu
überwinden.
Das Buch setzt sich direkt mit den Einstellungen und
Handlungen auseinander, die das psychische Leid des
Einzelnen verursachen. Die Botschaft ist so aktuell
und hilfreich wie je: Ungünstige Verhaltensweisen,
die einschränkend und krankmachend sind, können
wieder verlernt werden. Veränderung ist möglich!

**Klett-Cotta**

www.klett-cotta.de

Rudolf Dreikurs, Shirley
Gould, Raymond J. Corsini
**Familienrat**
Der Weg zu einem
glücklichen Zusammenleben
von Eltern und Kindern

183 Seiten, broschiert
ISBN 978-3-608-94242-2

# Eine Magna Charta des Familienglücks

Rudolf Dreikurs und seine Mitarbeiter haben mit diesem
kleinen Handbuch einen Klassiker für die Planung und
Durchführung eines Familienrates vorgelegt. Sie zeigen
wie Spannungen und Konflikte innerhalb von Familien
zu lösen sind und wie eine »praktizierte Demokratie«,
also eine Gleichberechtigung aller Familienmitglieder
möglich ist.
Das Buch leitet Schritt für Schritt zur praktischen Ein-
übung in diese Form des Familienlebens an. Es führt
anhand von zahlreichen Beispielen aus dem Alltag
und mit Hilfe von Gesprächsprotokollen in die Verhaltensweisen ein, mit denen das Zusammenleben in der
Familie verbessert werden kann.

Klett-Cotta